KB265435

20대 리더를 꿈꾸며

DREAMING of A LEADER

한 번뿐인 인생, 승부수를 던져보자

20대 리더를 꿈꾸며

지은이 신혜정

도서출판 **다담북**

20대 시련으로 더 강해지고, 희망으로 더 성장하기를

힘겨운 20대를 보내고 있는 사람들에게

2014년에 서른 살이 되면서 내 지독히 길고 끔찍했던 20대가 끝났다.서른 살이 되면서 나는 내 20대를 되돌아볼 여유가 생겼다.내 20대를 정리하자면 다음과 같았다.

1. 무엇이 내게 맞는 것인지 확실히 정리하지 않았다.
2. 눈앞에 보이는 문제에만 집중한 채 10년 후를 기획하지 않았다.
3. 막막한 현실을 극복하려 노력하기보다 현실 도피를 꿈꾸었다.
4. 현실이 마음에 들지 않자 책에 빠져들었다.

4번만 빼고 잘한 일은 없었다. 그게 내가 그토록 20대를 힘들게 보낸 원인이었다.

수많은 책만이 나를 이해해주었고, 나를 받아들여 주었다. 책을 많이 읽으면서 몇몇 운명적인 책을 만나게 되었고 그것이 내게 희망을 주었다. 그 희망 때문에 나쁜 생각을 하지 않았다.

20대를 막 시작한 청춘들에게 현실은 결코 마음대로 움직여 주는 존재가 아니다.

스스로 열심히 움직이고 바라는 일을 열렬히 기대하고 실수나 실패를 두려워하지 않고 행동해야 한다. 무엇보다 자신이 무엇을 진정으로 원하는지 확실하게 정하고 움직여야 한다.

자신의 꿈을 똑바로 세운 뒤에는 그것을 이루기 위해 행동해야 한다.

행동하지 않는 꿈은 몽상에 불과하고 시간을 낭비하게 된다.

시간은 되돌릴 수 없기 때문에 더욱 소중히 다루어야 한다.

그렇게 시간을 소중히 하고 자신의 꿈을 귀하게 다루어야 자신이 원하는 목적에 도달할 수 있다.

행동하지 않는 젊음은 아무것도 이룰 수 없다. 훗날 나는 20대를 후회하지 않고 귀중하게 보냈다, 나 자신이 자랑스럽다라고 말할 정도로 치열하게 보낼 자신이 있는가?

프랑스의 유명한 포도주 농장에서는 일부러 척박한 땅에 포도나무를 심는다고 한다.

그렇게 하면 포도나무가 땅속 깊이 있는 영양분을 빨아들여 품질이 좋은 포도를 맺기 때문이라고 한다. 당신을 둘러싸고 있는 나쁜 환경이 당신을 더 성장시키는 데 도움이 될지 모른다.

나쁜 상황을 극복하기 위해 자신의 내부에 자리 잡고 있는 잠재력을 발휘할 수 있기 때문이다.

20대는 자신이 원하는 인생의 밑그림을 그리는 시기이다.

당신은 어떤 일을 잘하고, 어떤 일을 하면 신이 나서 열심히 하는가? 자신이 진정으로 원하는 일을 하기 위해 현재 나쁜 상황을 묵묵히 감당하고 있는가?

전 연령대의 사람들이 후회하는 한 가지가 학창 시절에 공부를 열심히 하지 않은 것이라고 한다. 당신은 지금 어떤 공부를 하고 있는가? 마지못해 하면서 그저 시간이 흘러가기만 바라고 있지는 않는가? 20대는 막 성인으로 인정받기 시작한 시기이다. 이 시기에 5년, 10년, 20년을 어떻게 살아갈 것인지 생각하고 어떻게 하면 성장할 수 있을지 생각해야 한다.

많은 청춘들에게 취업은 절대 과제이다.

학창시절 학자금 대출을 받았던 20대들에게는 서둘러 빚을 갚아야 한다는 초조감이 들지도 모른다. 사회생활을 하기도 전에 큰 빚을 진 것에 좌절할 수도 있다.

20대인 당신이 처한 상황은 스스로 만들지 않았다고 항변하고 싶을지도 모르겠다.

때론 환경이 그냥 주어진 경우도 있다는 것을 안다. 나 또한 내 꿈을 이룰 수 없다고 좌절한 시기가 있었다.

20대를 되돌아보니 내가 잘못한 일도 많았지만, 책을 놓지 않았기에 버틸 수 있었다.

하루 종일 책만 읽은 적도 있었다. 책을 읽을 때만큼은 열등감도 잦아들었기 때문이다.

그렇게 읽은 책들이 내가 책을 쓸 수 있게 해준 자산이 되었다.

당신의 10년 이후를 바라볼 자신만의 무기가 있는가?

20대인 당신은 다시는 돌아오지 않을 청춘이라는 보물이 있다. 그 보물을 함부로 써버리고 나중에 후회하고 싶은가? 적절하게 씀으로써 빛나는 10년 뒤를 대비할 것인가?

10대에 공부하느라 제대로 놀지도 못했는데 대학에 들어가 보니 모든 게 이미 다 정해져 버렸다고 한탄하고 있지는 않은가? 정해졌다고 생각했기 때문에 모든 대안이 사라져버린 것이다. 어떤 상황에서든 뜻대로 할 수 있는 한 가지가 있다. 바로 상황에 대처하는 자신의 마음가짐이다. 올바른 마음가짐으로 희망을 버리지 말자. 당신에게 주어진 보물 같은 시간을 당신이 진정으로 원하는 일을 하면서 채워나가자. 상황이 나빴기 때문에가 아니라 당신의 마음가짐이 부정적이었기 때문에 실패할 가능성은 없다고 생각하는가?

이 책을 읽으면서 많은 책을 읽었다. 책을 읽으면서 나도 할 수 있다고 각오를 다졌던 경험이 내 인생의 귀중한 보물이 되었다. 부정적인 시각이란 선글라스를 끼면 결코 행운을 발견할 수 없을 것이다. 과감히 부정적 시각을 던져버리고 새로운 시각으로 세상을 바라보자. 새로운 시각이란 어떤 어려운 상황에 처하더라도 내가 할 수 있는 부분에서 최선을 다하겠다는 굳은 의지를 가지고 세상을 보는 것이다.

이 책이 20대를 보내고 있는 당신에게 희망적인 시각으로 세상을 볼 수 있는 기회가 되길 간절히 바란다. 힘겨운 20대를 지나서 10년, 20년 뒤에 어떻게 살아갈 것인지 확실히 정했으면 한다. 20대인 당신은 할 수 있다. 파이팅!

2015년 1월, 20대를 먼저 보낸 신혜정이 소중한 당신에게

contents

01

자신이 바라는 것을 정한 당신에게

많은 대학생들이 스펙을 쌓기 위해 돈을 쓰고 있다. 인턴십, 외국어 자격증, 어학연수 등을 하기 위해서는 많은 돈이 든다. 목적은 대기업, 공기업에 들어가기 위해서이다. 많은 대기업들이 이공계 인재들을 뽑고 있다고 한다. 이 때문에 선택의 폭이 좁아진 인문계 대학생들은 자신이 실무에 바로 투입될 수 있는 인재라는 사실을 증명하기 위해 다양한 경험을 하려고 노력한다고 한다.

　　　　많은 대학생들이 스펙을 쌓기 위해 돈을 쓰고 있다. 인턴십, 외국어 자격증, 어학연수 등을 하기 위해서는 많은 돈이 든다. 목적은 대기업, 공기업에 들어가기 위해서이다. 많은 대기업들이 이공계 인재들을 뽑고 있다고 한다.

　이 때문에 선택의 폭이 좁아진 인문계 대학생들은 자신이 실무에 바로 투입될 수 있는 인재라는 사실을 증명하기 위해 다양한 경험을 하려고 노력한다고 한다.

　이공계 인재들의 많은 수가 약사나 의사가 되기 위해 노력하고 있다고 한다. 안정된 직업을 얻으려는 움직임이다. 하지만 의사들 사이에서도 부익부 빈익빈 현상이 나타나고 있다고 한다.

　다른 사람과 하는 경쟁은 치열하지만 자신이 원하는 자리를 얻을 수 있는 확률은 적다.

　나는 자신과 경쟁을 하라고 권하고 싶다.

　자신만의 강점을 찾아서 더욱 발전시키고 1년 전의 나보다 좀 더 나은 사람이 되는 것.

이것이 내가 말하는 자신과의 경쟁에서 성공하는 법이다.

많은 사람들이 거창한 목표를 세운다. 하지만 그 목표를 이루기 위해 세부 계획을 세우지 않는 사람들이 많다. 큰 목표를 세웠으니 그것으로 되었다고 생각하는 사람도 있다.

자신을 사랑하고 존중하기 위해서는 자신이 세운 목표를 스스로 지킬 줄 아는 사람이 되어야 한다. 목표는 세웠지만 행동하지 않는다면 스스로에게 자괴감과 실망감을 느낄 뿐이다.

다른 사람에게 사랑받고 인정받기 전에 먼저 해야 할 일은 스스로를 인정하고 사랑하는 것이다.

내가 20대이던 시절 나는 자존감이 엄청나게 낮았다.

나는 스스로 나 자신이 좀 더 나은 사람이 될 수 있다고 믿는 일이 참 힘들었다.

그러던 와중에서도 놓지 않은 것이 책이었다. 책에 나오는 성공한 사람들을 보면서 나는 그들과 같이 성공하고 싶다는 생각을 했다.

내 20대는 끔찍했고 끝없이 방황을 했다. 나는 아무도 없는 사하라 사막에 혼자 버려진 것 같은 기분이 자주 들었다.

나는 20대들이 나와 같은 방황을 하지 않기를 바랐다.

나는 돈을 번다는 한 가지 목적으로만 이 책을 쓰는 것이 아니다. 내가 겪은 경험이 내 책을 읽는 20대들에게 도움이 되길 바라고 스스로 훌륭한 작가가 되기 위해서 쓰는 것이다.

책을 써서 번 돈으로 일본어를 공부한다는 목표를 세웠다. 일제 강점기 고난을 겪었던 한 인물을 주인공으로 하는 소설을 쓰기 위해서이다. 한국어 자료는 별로 없고 일본어 자료만이 많은 현실에서 사람들이 얼마나 일제 강점기에 관심을 두고 있지 않은지 알게 되었다.

나는 스스로 작가라는 정체성을 두고 행동하고 있다.

훌륭한 작가, 많은 사람들에게 감동을 주는 작가, 책이 많이 팔리는 작가가 되기 위해서는 어떤 노력을 기울여야 하는가가 내가 고민하는 내용이다.

〈퍼스널 브랜딩 신드롬〉을 쓴 피터 몬토야는 퍼스널 브랜드를 만들 때 열정을 불러일으킬 수 있는 일부터 시작하라고 권한다. 평생 열정을 쏟을 각오만 한다면 퍼스널 브랜드가 성장하는 과정을 인내하며 기다리는 것도 훨씬 쉬워진다고 이야기한다. 훌륭한 브랜드는 오랫동안 자신의 일에 애정을 갖고 노력한 사람이 만드는 것이라고 말한다.

당신이 직장에 다니고 있다면 지금 당신은 행복한가?

월급날만 기다리고 있다면 당신이란 퍼스널 브랜딩은 가치 있는 것이 될 수 없다.

당신은 지금 회사라는 브랜딩에 가려진 채 생활하고 있는 것이다. 회사가 준 지위와 권한으로 생활할 수 있는 시한은 그리 길지 않다. 만약 대기업 직원으로 일한다면 시쳇말로 갑질을 할 수도 있을 것이다.

하지만 직장을 떠나게 된다면 당신이란 존재에게 남은 것은 무엇일까? 나는 어떤 조직에 속한 채 일할 수 있는 사람이 아니란 것을 20대 때 깨달았다.

나는 소수의 마음 맞는 사람들과 일할 때 행복함을 느낀다.

그러기 위해서는 다른 사람들과 일할 때 내 실력이 부족하지 않도록 열심히 내 실력을 키워야 한다는 것을 알고 있다. 내가 쓴 작품들이 많은 사람들에게 도움이 되는 꿈을 꾸고 있다.

지금 20대인 여러분에게 도움이 될 만한 책을 쓰고 있는 지금 나는 무척이나 행복하다.

때로는 글이 잘 안 써지기도 하지만 그것은 내 내공이 부족하다는 것을 알기에 다른 사람들이 쓴 책을 읽으면서 내공을 더욱 키워 나가려고 애쓰고 있다.

내가 40대 때는 30대를 위한 자기계발서를 쓰는 것이 꿈이다. 당신의 꿈이 명확하다면 목표를 세우는 것도 쉬울 것이다.

당신은 어떤 꿈을 이루고 싶은가? 그 꿈이 이루어진다면 행복해질 사람은 누구인가?

20대 때는 스스로 행복할 수 있는 꿈을 꾸고 그 꿈을 이루기 위해 목표를 세우는 것이 좋다. 스스로 행복하지 않는다면 다른 사람 또한 행복하게 할 수 없기 때문이다.

다른 사람을 행복하게 하면서 자신은 행복하지 않는다면 그 행동은 결코 오래갈 수 없다.

〈퍼스널 브랜드로 승부하라〉를 보면 진정한 프로는 자신에게 있는 재능을 완벽하게 보여주는 사람이라고 말한다. 아마추어는 재능이 있음에도 자신의 재능이 무엇인지도 모르는 사람이고, 제대로 훈련하지 않아 필요할 때 적절하게 활용하지 못하는 사람이며, 사람들에게 자신의 재능을 원활하게 소통시키지 못하는 사람이라고 이야기한다. 브랜드란 내가 무슨 일을 하는 사람인지, 어느 정도 능력을 갖추고 있는지, 심지어 어떤 태도로 일하는지 일일이 말하지 않아도 사람들이 알아보는 힘이라고 조언한다.

나는 사람들 앞에 나서는 것을 잘하지 못한다. 한때 내 존재감을 드러내지 않고 조용히 사는 것이 목표였다. 내 꿈은 개인 서재를 만들어놓고 하루 종일 책을 읽는 것이었다.

내가 읽은 책이 쌓여갈수록 나는 내가 그동안 읽은 책을 활용할 방법이 없을까 생각하게 되었다.

고민 끝에 나온 결론이 바로 책을 쓰는 것이었다. 나 자신이 그렇게 대단한 사람이라는 것을 알기 때문에 처음에는 망설였다. 하지만 내 경험도 누군가에게는 꼭 필요할 것이라고 믿기에 이렇게 책을 쓰고 있다.

당신이 좋아하는 분야, 일하고 싶은 분야가 있다면 그 분야에 과감히 뛰어들기 전에 관련된 책을 읽으라고 권하고 싶다. 어느 분야에서든 성공을 거둔 사람들은 책을 내는 경우가 많다.

나는 어느 작가의 출판을 기념한 모임에 간 적이 있었다.

굉장히 많은 사람들이 작가의 강연을 듣고 끝난 뒤에 사인을 받기 위해 긴 줄을 섰다.

그 때 깨달았다. 책을 쓴다는 것은 바로 많은 사람들에게 인정받는 길이라는 사실을.

모든 시작은 초라하지만 확실한 목표와 비전이 있다면 세상을 놀라게 하는 위대한 변화로 바꿀 수 있다. 애플은 단 두 명이 시작한 회사였다. 스티브 잡스는 세상을 놀라게 하는 제품을 만들겠다는 일념 하나로 열정적으로 일했고 결국 세상을 바꾸는 데 성공했다.

당신에게 빛나는 비전이 있다면 그 비전을 이루기 위한 세부 계획을 하나씩 세워보라.

당신에게도 분명히 멋진 비전이 있을 것이고 그 비전을 이룬다면 당신이 원하는 것을 이룰 수 있을 것이다.

당신이 바라는 것이 세상에 도움이 되는가? 그랬으면 좋겠다. 꿈꾸는 사람이 세상을 바꿀 수 있다.

수백 년 전에는 사람이 사람을 부리는 노예제도가 당연하게 여겨지는 시대였다. 링컨 대통령은 그 통념에 과감하게 도전했다. 결국 흑인 노예들은 해방되었고, 그는 미국인들이 가장 존경하는 대통령이 되었다.

또 100여 년 전에는 여성에게 선거권이 주어지지 않는 것이 당연하게 여겨졌다.

남성을 통해서만 여성이 정치에 참여해야 한다고 여겨지는 시기였다. 일부 사람들이 치열하게 투쟁하면서 여성들에게 선거권이 주어지게 되었다.

다른 사람이 옳다고 생각하고 당연하게 생각하는 것에 도전하라. 통념은 항상 옳은 것이 아니다. 당신만의 길을 걸을 수 있다면 처음에는 고독하고 힘들 수 있지만 당신이 옳았다는 것을 증명한다면 많은 사람들이 그 뒤를 따를 수 있다.

로저 베니스터는 수천 년 동안 사람들이 믿었던 한 가지 사실에 도전했다. 바로 1마일을 4분 안에 달리는 것은 불가능하다는 통념이었다.

그가 1마일을 4분 안에 달리자 많은 사람들이 그 기록을 깨게 되었고, 이제는 많은 육상 선수들이 1마일을 4분 안에 달리고 있다.

당신이 깨고 싶은 통념은 무엇인가? 스스로 세상을 변화시키고 싶다면 어떤 것을 하고 싶은가?

02 단순하게, 한 걸음씩 꿈에 다가가라

김병완 작가가 쓴 〈스케일〉을 보면 이런 이야기가 나온다. 세계에서 가장 높은 산인 에베레스트. 1953년 존 헌트가 이끄는 영국 원정대의 에드먼드 힐러리와 텐징 노르가이가 처음으로 정상에 오른 뒤로 많은 사람들이 이 산의 정상에 오르려고 애썼다. 하지만 실제로 등반에 성공한 사람은 아주 적었다.

그런데 1988년에 50명의 사람들이 등반에 성공하였다.

이런 일이 벌어지게 된 원인은 무엇일까? 1988년 이전에 에베레스트를 오르는 모든 원정대는 고도 2000~3000m 지점에 베이스캠프를 설치했다. 그런데 1988년 한 원정대는 고도 5000m에 베이스캠프를 설치하였고 등반에 성공하게 되었다. 이후 많은 원정대가 고도 5000m에 베이스캠프를 설치했고 이는 등반 성공으로 이어졌다.

1988년 이전의 원정대가 고도 5000m에 베이스캠프를 설치할 생각을 하지 못한 것은 남들도 그렇게 했고, 가장 안전하고 물자보급도 쉬웠다는 이유에서였다. 하지만 등반대의 목적은 남들을 따라하는 것이 아니라 정상에 오르는 것이다.

우리가 성공하기를 바라는 이유는 안전하게 살기 위해서가 아니라 자신의 존재를 세상에 드러내고 싶어서이다. 평범한 사람들은 남들의 행동을 그대로 따라하며 오늘도 무사히 보낸 것을 감사한다.

헬렌 켈러는 다음과 같은 말을 했다.
"인생은 과감한 모험이든가, 아니면 아무 것도 아니다."
우리가 새로운 모험을 하지 못하는 이유는 무엇일까?
그 이유는 우리가 자신의 강점을 제대로 파악하지 못한 채 강점을 더욱 강화할 용기가 부족하기 때문이다.
직장에 다니면서 월급이 꼬박꼬박 나오면 그 삶에 만족하는 사람들이 많다.
하지만 이것만은 기억하자. 회사는 결코 그 구성원들과 오랫동안 함께 있으려 하지 않는다. 오히려 경비 절감을 위해 회사가 발전하는 데 큰 도움이 안 된다고 판단하는 사람들과 오랫동안 근무해서 많은 월급을 주어야 하는 사람들부터 내보낸다는 사실을 말이다.
"배는 항구에 있을 때 가장 안전하다. 하지만 배의 목적은 항구에 머물고 있는 것이 아니다." 라는 말을 생각해보자. 당신의 인생을 어디로 이끌어 나갈 것인가?

오늘부터 이제까지와는 다른 삶을 살고 싶다면 굳이 이제까지 해왔던 모든 일을 포기해야 하는 것은 아니다. 작은 불씨가 산을 태우듯, 떨어지는 물방울이 바위를 뚫듯이 자신의 꿈을 이루기 위해 해야 할 일을 한 가지씩 해내자.

미국 자동차 회사 크라이슬러의 창업자인 월터 크라이슬러는 다음과 같이 말했다.

"자신이 하는 일에 순수하게 흥분하지 못하는 사람은 참으로 안쓰럽다. 그런 사람은 결코 만족감을 느낄 수 없을 것이며, 가치 있는 일을 이룰 수도 없을 것이다."

오늘도 적성에 맞지도 않고 점수에 맞춰 합격한 대학에 다니고 있는가? 오늘도 마음에 들지 않은 직장을 어쩔 수 없이 다니고 있는가?

그렇다면 다음 질문에 답해 보자.

1. 지금 마음에 들지 않는 대학(직장)을 다니고 있는 이유가 무엇인가? 몇 가지가 되어도 좋다. 종이에 최대한 그 이유를 많이 적어보자.
2. 지금 하고 있는 일을 그만 두게 되면 내게 어떤 일이 벌어질까? 긍정적인 면과 부정적인 면을 모두 기록해보자.

3. 자신이 진정으로 바라는 일을 생각해보자. 지금 자유롭게 행동할 수 있다면 가장 하고 싶은 일은 무엇인가? 그 일을 하기 위해서 필요한 것은 무엇인가?

4. 자신이 진정으로 바라는 일을 시작했을 때 가장 치열하게 (?) 반대할 사람들과 열렬히 축하해줄 수 있는 사람들은 누구인지 적어보자.

5. 꿈을 이루기 위해 비용이 얼마나 드는가? 그 비용을 어떻게 마련할 것인지 생각해보자.

버진 그룹을 이끌고 있는 리처드 브랜슨은 다음과 같은 말을 했다.

"나는 가슴이 이끄는 대로 살고, 새로운 것에 도전하며, 상상한 것을 실천한다. 내 꿈과 열정에 솔직한 것, 그것이 내 삶이고 경영이다."

가슴이 이끄는 삶이야말로 행복해질 수 있는 방법이다. 당신의 가슴은 무엇을 원하는가? 그 일을 왜 하지 못하고 있는가? 무엇이 당신을 가로막는가?

20대는 어른 대접을 받으면서도 꿈에 도전해도 괜찮은 시기이다. 이 시기를 넘겨 30대가 된다면 꿈에 도전하는 일은 그만큼 늦어지게 된다.

많은 사람들이 성공하길 바란다. 그런데 그 성공이란 무엇일까? 돈을 많이 벌고 유명해지면 되는 것일까? 돈을 많이 벌 수는 없어도 자신이 바라는 일을 하는 사람들은 성공하지 못한 사람일까? 많은 사람들이 바라는 성공이란 세상의 틀에 자신을 가두는 경우가 많다. 우리나라의 교육은 개성 있는 사람을 키우는 대신 기업이 원하는, 혹은 사회가 원하는 틀에 가두는 경우가 많다. 사회가 원하는 틀에 맞춰 사는 사람들을 성공이라고 할 수 있을지 생각해 보자.

조지 버나드 쇼는 다음과 같은 말을 했다.

"합리적인 사람은 세상에 자신을 적응시킨다. 비합리적인 사람은 세상을 자신에게 적응시킨다. 모든 진보는 비합리적인 사람이 이룬다."

자신이 원하는 꿈을 이루기 위해 대기업을 떠나거나 공무원을 그만 두는 일은 세상 사람들에게 비합리적인 일이다. 아니, 미친 일이다. 하지만 도전하는 자는 아름답다. 자신이 원하는 일이 무엇인지 정확히 알고 현재 머물고 있는 자리에서 떠나는 사람은 비합리적으로 보이지만 행복한 사람이다.

지금 당신이 20대라면 자신이 원하는 일이 무엇인지 정확히 말할 수 있는가?

그 일을 10년이 넘는 기간 동안 집중해서 할 수 있는가?

아리스토텔레스는 "광기를 조금이라도 가지지 않는 천재란 결코 없다."라는 말을 했다.

자신이 원하는 그 일에 미치도록 열심히 한다면 뒷날 천재였다는 말을 들을 수 있을 것이다.

진정한 고수는 오직 한 가지 일에만 매달리는 사람이다. 그 결과 비로소 즐길 수 있을 만큼 그 일이 쉬워지고 그 일과 하나가 될 수 있다.

〈열정을 말하라〉를 쓴 김병완 작가는 다음과 같이 말했다.

"단순함은 사람을 현명하게 하고, 강하게 하고, 무엇보다 한 가지 일에 집중할 수 있게 해준다. 집중은 성공을 가로막는 많은 장애물들을 거침없이 헤쳐 나갈 수 있게 해준다. 평범한 사람이 남다른 성과를 창출해내는 유일한 비결은 바로 '단순함'이다."

자신이 단순하게 자신이 원하는 일만을 하지 못하는 이유를 생각해보자.

사람들이 자신을 비난하고 비웃을까봐 두려운가?

지금 하고 있는 일을 그만 두기에는 너무 잃을 것이 많은가?

부모님이 강력히 반대하셔서 포기할 수밖에 없는가?

자신이 원하는 일을 하지 못하는 이유는 수십 개가 될 수 있다.

하지만 중요한 것은 자신이 진정으로 원하는 일을 하지 못한다면 그 일을 하지 못한 것을 크게 후회하고 다른 사람들을 원망하게 되는 결과를 낳을 수도 있다는 것이란 것을 기억하라.

선택은 자신이 하는 것이다. 자신이 걷고자 하는 길은 가슴이 말하고 있다. 20대인 당신은 아직 가진 것이 많지 않기에 버릴 것도 많지 않다. 만약 자신이 원하는 일을 하지 못한다면 그 원인을 철저히 알아보고 제거하라.

이제 서른한 살인 나는 재작년이 되어서야 내가 원하는 것이 무엇인지 인정하게 되었다.

자신이 원하는 꿈이 있다면, 그 꿈을 이루기 위해서 무엇이 필요한지 조사하고 하나씩 갖추어 나가라. 자신의 소중한 꿈을 절대 포기할 수 없다면 단순하게 끝까지 하나하나씩 이루어 나가라. 그렇다면 성공을 거둔 행복한 자신을 머지 않아 발견할 수 있을 것이다.

스티브 잡스가 스탠포드 대학에서 졸업 연설을 했을 때 큰 반향을 일으켰다. 컴퓨터 천재가 진솔하게 자신의 경험을 이야기하고, 졸업생들에게 내면에서 울려 퍼지는 목소리를 따라가라고 조언하는 모습에 많은 사람들이 감동을 했기 때문일 것이다.

나는 스티브 잡스가 "여러분들은 현재의 순간들이 미래에 어떤 식으로든지 연결된다는 것을 알아야 합니다."라고 말한 부분이 인상적이었다.

스티브 잡스가 말했듯이 현재에 한 행동이 미래로 연결되는 경우가 있다.

여기서 잠시 내가 어린 시절에 겪은 일이 현재의 내게 어떻게 연결되었는지 이야기하고자 한다.

내가 유치원과 초등학교를 다니던 시절 어머니는 내게 어린이 연극을 많이 보여 주셨다. 내가 고른 작품은 아니었지만(연극을 고르기에는 내가 너무 어렸다.) 어머니가 고르신 어린이 연극은 무척이나 재미있었다.

이어서 내가 조금 더 나이가 들었을 때 나는 국어 교과서를 새로 받으면 희곡이 있는지 찾아보곤 했다.

또한 대학시절 내가 무기력하게 시간을 낭비하던 때 나는 용돈을 모아 뮤지컬을 보는 것이 큰 즐거움이었다.

지금 생각해보면 어린이 연극에 재미를 느꼈던 어린이에서 국어 교과서를 받으면 희곡을 찾아보던 청소년, 용돈을 아껴 뮤지컬을 보던 대학생이던 내가 하나로 연결되었다. 그 점의 끝에는 뮤지컬 작가를 꿈꾸는 내가 있었다.

스티브 잡스는 스탠포드 대학 졸업연설에서 다른 사람들의 생각에 얽매이지 말고 타인의 소리들이 내면의 진정한 목소리를 방해하지 못하게 하라고 말했다.

자신의 경험을 소중히 여기자. 지금 하고 있는 즐거운 일이 스스로의 앞날을 환히 밝혀주는 등불이 될 수 있다.

20대가 된 당신이 지금 적성을 찾고 있다면 무엇을 할 때 즐겁고 행복했는지를 생각해보자. 할 때마다 즐거웠던 일, 시간이 가는 줄도 몰랐던 일이 있었는가?

그 일을 직업으로 삼고 열심히 몰입할 수 있다면 당신이 그토록 바랐던 성공에 한발짝씩 다가갈 수 있을 것이다.

"제 갈 길을 아는 사람에게 세상은 길을 비켜준다."라고 찰스 킹글리는 말했다.

사람마다 다른 강점이 있다. 그 강점으로 직업을 선택해 오랫동안 갈고 닦는다면 틀림없이 대가가 될 수 있다.

꿈을 이루기 위해서는 자신의 강점에 모든 것을 투자하는 단순함이 필요하다.

〈운명을 바꾸는 내면지능〉을 쓴 서정현 작가는 잡동사니 같은 인생으로는 한 곳으로 깊게 뿌리를 내릴 수 없다고 말한다. 소질이 빛을 보기 위해서는 세월이라는 내공이 필요하며, 당장 부와 권력이 없다고 한다면 자신의 재능을 갈고 닦아야 한다고 이야기한다.

당신은 세상에서 유일한 존재이다. 세상이 원하는 조건을 갖추기보다 자신의 강점을 찾고 키우는 데 모든 노력을 기울여야 한다.

강점을 더욱 발전시키는 데 시간과 열정을 다한다면 그 강점은 스스로를 성공하는 길로 이끌 것이다.

경영 그루인 세스 고딘은 자신이 쓴 저서에서 이런 말을 했다.

"당신 안에는 타고난 천재성이 잠들어 있다. 당신의 공헌은 가치 있고, 당신이 창조한 예술 또한 값지다. 오직 당신만이 할 수 있는 일이며, 또한 당신이 반드시 해야 하는 일이다. 지금 당장 일어나 선택하라. 차이를 만들어 보자."

왜 사람들은 스스로의 강점을 발전시키는 대신 평범함에 머무는 것일까?

그것은 어렸을 때부터 자신이 어떤 분야에서 강점이 있는지 훈련을 받는 대신 모든 분야에서 고르게 우수한 성적을 거두는 것이 최고이며 성공이라는 교육을 받았기 때문이다.

많은 학생들이 성적으로 대학과 학과를 선택한다.

모든 과목에서 고르게 높은 성적을 거둬 명문대에 입학하고, 대기업이나 공기업에 다니거나 공무원이 되는 것이 성공한 인생이라고 생각한다. 자신의 흥미나 적성은 고려 대상이 되지 못한다.

두 번째 책을 쓰는 지금, 나는 여러 책을 뒤지면서 사례를 찾고, 내 생각을 쓰는 순간순간이 행복하다.

이제 서른한 살이 된 나는 내 강점을 알았고 내가 진정으로 원하는 것이 무엇인지 알게 되어 매우 기쁘다.

20대 초반에 자신의 강점을 찾아 직업으로 연결시키는 당신은 대단한 성공을 거둘 수 있는 첫 걸음을 내딛는 사람이다. 당신은 자신이 원하는 것을 정확히 알고, 강점을 발전시키는 데에서 큰 기쁨을 얻을 수 있을 것이다.

당신이 지금 미치도록 즐기는 일은 무엇인가?

직장에서 아무런 즐거움을 느끼지 못하고, 5~6일 동안 대부분의 시간을 회사에서 보내는 시간이 죽음과 같다는 생각이 든다면 매우 불행하다고 느낄 것이다. 주말이 되어서야 겨우 생기를 되찾고 일요일 오후가 되면 우울한 기분이 몰려온다면 당신은 지금 잘못 살고 있는 것이다.

김병완 작가는 미치도록 즐기는 일을 발견하게 된다면 그 때부터 번잡하고 무익한 일들을 그만두고 최고의 삶을 만드는 데 매진할 수 있게 된다고 조언한다.

이는 별 볼 일 없는 잡다한 일들을 하면서 세월을 보냈던 사람이 진정으로 가치 있는 일을 하면서 세월을 아끼게 되었다는 의미라고 설명한다. 그렇게 되는 순간, 진정으로 살아있다는 것이 무척이나 멋지고 근사하게 느껴질 것이라고 덧붙인다.

나는 지금 책을 쓰면서 나 자신이 진정으로 살아있다는 것을 느낀다. 당신도 할 수 있다. 지금 당장 자신의 강점을 찾기 시작하라.

자신이 좋아하는 일이며, 그 일을 한 번 하기 시작하면 시간이 무척이나 빨리 갔던 경험이 있다면 그 일이 강점이라고 할 수 있을 것이다.

자신의 강점을 더욱 발달하도록 하기 위해서 하는 일이 있는가?

자신의 강점을 발달시키기 위해 스스로가 하고 싶은 일을 시도해 보는 것은 어떨까?

책을 쓰면서 내가 느낀 점 하나는 그 동안 내가 한 번도 정열을 기울여 뭔가를 해본 적이 별로 없다는 사실이었다. 다른 하나는 책을 읽고 쓰는 일이 내가 정말로 좋아하는 일이란 것을 깨달았다는 것이었다.

첫 번째 책을 쓰면서 나는 그 동안 잊고 있었던 소설가라는 꿈을 되살릴 수 있었다.

나는 23살 되던 해에 일제 강점기를 배경으로 한 소설을 쓰는 것을 꿈꾸었다.

그 때는 아무런 행동도 하지 않으면서 바라기만 했다면, 지금은 두 번째 책에 내게 있는 열정을 기울여 끝낸 뒤에 바로 역사 소설을 쓰기 위한 자료를 모으겠다는 결심을 하게 되었다.

자신의 강점을 찾았다면, 스스로 원하는 분야에서 성공을 거둔 사람을 만나는 것을 두려워하지 말자. 그 사람이 바로 자신의 운명을 바꾸는 사람이 될 수 있기 때문이다.

만나기가 어렵다면 그 사람이 직접 쓴 책이나 다른 사람이 그 사람을 주제로 쓴 책을 읽어보자.

자신의 강점을 찾았다면 제 때 행동해야 한다. 용기를 내서 인생 선배를 만나거나 책을 읽자. 성공을 원한다면 보다 적극적으로 행동할 필요가 있다.

〈서른 살 수업〉을 쓴 도코 다케히사는 아무리 작은 성공이라도 그것을 확실하게 '성공'으로 인식하고 자신감을 쌓아가라고 권한다. 자신감이 조금씩 쌓여가면 자신을 긍정적으로 바라보게 되며 이런 자기 긍정이 성공하는 인생으로 이어진다는 이유에서다.

그렇다면 도코 다케히사가 생각하는 '성공한 인생'은 무엇일까? 그가 생각하는 성공한 인생은 행복을 느끼면서 좋아하는 일을 할 수 있는 인생이다.

도코 다케히사는 자아를 찾기 위해 다음 질문을 던졌다고 한다.

'나는 무엇을 하고 싶은가?'

'나는 무엇을 소중하게 생각하고 있는가?'

'나는 어떤 인생을 원하는가?'

'나는 일을 함으로써 무엇을 실현하고 싶은가?'

당신은 이 질문에 제대로 답할 수 있는가?

고대 그리스 철학자 에픽테토스는 다음과 같은 말을 했다.

"우선 무엇이 되고 싶은지 자신에게 말하라. 그런 다음 해야 할 일을 하라."

자신이 진정으로 하고 싶은 것이 무엇인지, 남의 시선을 신경 쓰지 않게 된다면 하고 싶은 일이 무엇인지 스스로 질문하고 답해 보자. 당신의 인생은 그 대답에서 시작해야 한다.

어떤 20대들이 대학을 졸업할 때가 되어서야 전공이 자신의 적성과 맞지 않았다는 사실을 깨닫게 된다. 졸업하고 취직을 할 때 전공을 맞춰서 취직을 하게 되면 자신의 적성과 맞지 않는 일을 하게 된다는 사실에 망연자실하는 사람도 있다.

이것은 인생의 첫 단추를 잘못 끼운 것이나 다름없다.

내 인생에서 최악의 실수 중 하나는 성적에 맞춰 전공을 선택한 것이었다. 나는 내가 뭘 원하는지 제대로 생각하지 않고 무턱대고 대학을 갔다. 당연히 성적은 엉망이었다.

23살이 되던 해에 우연히 전공 수업에서 내가 해야 할 일의 실마리를 찾을 수 있었다. 바로 소설을 쓰는 것이었다. 우연이긴 했지만 내게는 중요한 결심이었다. 확고하게 결심을 했다면 세상도 우연이라는 이름으로 도움을 준다.

나는 일본 작가가 쓴 일제 강점기 시절 있었던 사건을 쓴 책 외에도 태평양 전쟁 당시 연합군 입장에서 쓴 책을 구하고 싶었다. 일본의 입장과 함께 연합군의 시선으로 태평양 전쟁을 보고 싶었다. 그런데 호주를 여행하던 당시 그 책을 발견하게 되었다. 당연히 나는 그 책을 구입했다.

당신이 꿈꾸는 것을 확고히 하고 그것을 간절히 원한다면 우연이라는 이름으로 세상도 당신을 도울 것이다. 이 사실은 나도 경험한 일이다. 절대 당신의 꿈을 꺾지 말라. 당신은 어떤 것을 바라고 있는가? 그것을 그저 꿈이라고 생각하며 지낼 뿐인가?

도코 다케히사는 명함 크기의 종이에 자신이 이루고 싶은 꿈을 기한을 정해서 쓰고 그것을 명함집이나 지갑에 넣어서 수시로 보라고 권한다.

또한 자신이 원하는 미래의 모습을 글로 써보고 그것을 매일 읽어보라고 조언한다. 자신이 원하는 모습을 가능한 한 명확한 이미지로 머릿속에 그려서 그 글이 잠재의식에 강력한 영향을 주도록 하자고 이야기한다.

나는 몇 년 전에 1년에 365권 읽기에 도전했다. 생각보다 빠른 속도로 책을 읽어 8개월 만에 끝낼 수 있었다.

첫 단계에서 성공을 거두자 나는 두 번째 단계를 꿈꾸기 시작했다. 바로 작가가 되는 것이었다. 책을 쓰기 위해 열심히 노력한 끝에 내가 쓴 첫 책 〈20대 여자 성공으로 메이크업하라〉가 세상에 나왔다.

두 번째 단계에 도달하면서 나는 이어서 세 번째 단계에 도전하게 되었다. 바로 지금 쓰고 있는 두 번째 책이 될 이 원고를 쓰는 것이다.

세 번째 단계로 내가 23살 때 꿈꾸었던 역사소설을 쓰는 일이
있다.

지금 꿈꾸고 있다면 가장 적당한 때에 꿈이 이루어질 것이라
는 확신을 품어야 한다. 당신에게 소중한 꿈이 생겨난 이상 당신
은 더 이상 평범한 사람이 아니다. 많은 사람들이 너무 늦은 때
에야 비로소 이루지 못한 꿈을 생각하고 후회한다.

20대는 꿈을 발견하고 이를 발전시키는 시기이다.

지금 꿈을 이루기엔 적당한 시기가 아니라고 생각하며 30대
가 된 사람은 계속 미루게 된다. 하지만 20대 때 자신의 꿈을 미
룬 사람이 30대가 되어서 꿈을 이룰 수 있을까?

습관처럼 30대 때도 자신의 꿈을 미루게 될 가능성이 높다.

꿈은 그 꿈을 꾸는 사람에게 나침반이 되어주고 오랫동안 활
기 없이 지냈던 사람을 일으켜 세운다. 나는 작가가 되겠다는 꿈
을 분명히 세웠고, 내 책에 필요한 부분을 정리하고 글로 쓰면서
나는 평생 동안 느낄 수 없었던 활기찬 삶을 가슴 깊이 느끼고
있다.

자신의 꿈이 무엇인지 알 수 없고 왠지 공허한 기분이 드는
가? 그것은 영혼이 꿈을 찾아달라고 도움을 요청하는 신호이다.

〈우리는 같은 병을 앓고 있다〉를 쓴 김태경 작가는 성취욕을
가지고 투쟁하고, 부족한 것을 메워 나가려고 노력할 때 '공허'

라는 이름은 존재하지 않는다고 말한다. 전의를 상실한 채 뒤로 내빼려고만 할 때 공허함은 기승을 부린다고 경고한다.

꿈을 찾고 싶다면 스스로가 무엇에 열등감을 느끼는지 생각해 보자.

김태경 작가는 누군가에게 시기심을 느끼고 있다면 그 시기심의 자리를 채울 나만의 장기를 개발하라고 권한다. 사실 시기심의 뿌리는 심한 열등감으로 이 뒤틀린 마음을 곧게 펴주는 것은 '최고로 잘할 수 있는 한 가지'를 찾는 것이라고 말한다. 이를 바탕으로 자존감을 회복시켜나갈 수 있다고 조언한다.

독일 철학자 칸트가 말하는 행복의 조건은 '할 일이 있고, 사랑할 대상이 있고, 희망이 있다고 여길 때'라고 말한다.

당신에게 꿈이 있다면 외롭더라도 자신이 스스로 키워나갈 수 있는 용기 또한 필요하다.

세상에는 명확한 꿈이 없는 사람이 더 많다. 그 말은 당신이 꿈을 이야기하고 그것을 이뤄가기 위해 노력할 때 방해하려 드는 사람이 있다는 의미이다.

당신의 부모님, 친구, 그 밖의 다른 주변 사람들이 당신의 꿈이 얼마나 가치 있는지 알지 못하고 방해할 때 당신은 더욱 강하게 자신을 믿고 꿈이 이끄는 길을 걸어야 한다.

영국 소설가 버지니아 울프가 살던 시기, 영국 사회는 특출난 여자를 대하는 적대감이 극에 달했다. 이에 버지니아 울프는 여

성이 작가로서 살아가려면 최소한 '500파운드와 자기만의 방'
이 있어야 한다고 주장했다.

"내가 여러분에게 돈을 벌고 자기만의 방을 가지기를 권하는
것은, 여러분이 현실에 직면하여 활기 넘치는 삶을 누리라는 조
언입니다."

자신의 꿈을 발견하고 더 키워나갈 자신이 있는가? 그렇다면
자신이 독립된 마음과 행동으로 걸어가라. 스스로 꿈을 키워나
간다면 그 꿈을 이뤘을 때 기쁨도 더 커질 것이다.

내가 권하고 싶은 꿈을 키워나가는 방법은 다음과 같다.

1. 꿈을 머릿속으로 그리는 것에서 더 나아가 문서로 남긴다.

2. 자신의 꿈을 매일 반복해서 쓴다.

3. 그 꿈을 이루기 위해서 해야 할 일을 종이에 기록한다.

4. 매일 조금씩 해야 할 일을 해나간 뒤 그 일을 어떻게 해냈
   는지 기록한다. 작은 성공이 쌓여갈수록 자신감이 생기고
   자신이 원래 목표로 했던 큰 꿈을 이룰 수 있다.

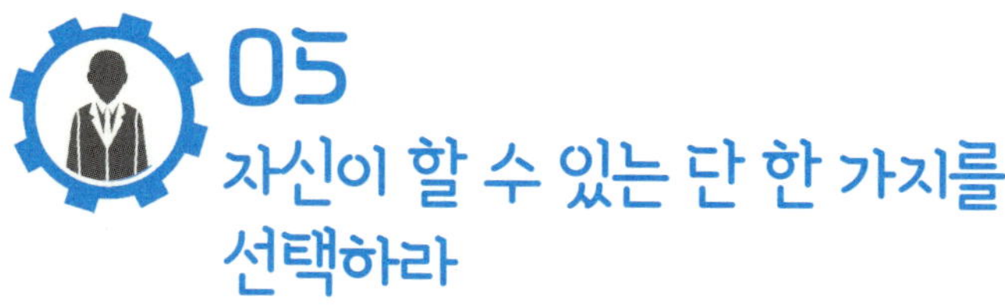

05
자신이 할 수 있는 단 한 가지를 선택하라

패션계의 거장 조르조 아르마니는 다음과 같은 말을 했다.

"누구나 관심은 많을 수 있다. 또 자신은 어떤 것에 뛰어들어도 잘할 수 있을 것 같다는 생각을 할 수 있다. 그러나 관심과 재능은 구분되어야 한다. 재능은 한 분야에 집중되어야만 성공이라는 이름을 얻을 수 있다."

당신은 자신이 가장 잘 할 수 있는 한 가지가 있는가?

그 단 한 가지에 모든 것을 쏟을 수 있는가? 다른 모든 것을 포기하고 당신이 원하는 단 하나의 그것에 자신의 모든 힘을 쏟아 부을 수 있는가? 다른 사람들이 자신을 이상한 사람으로 바라보는 것을 감당할 수 있는가?

20대 시절은 내가 세상을 왕따시켰다. 사람들과 어울리지 않았고 책에만 파고들었다. 내 전공이던 북한학과 이런저런 자기계발서, 혹은 사회학 같은 책들에 빠져들었다. 지금 생각해보면 도서관에 갈 수 있어서 대학을 다니는 것을 견딜 수 있었다.

학점은 엉망이고, F학점만 안 맞으면 된다고 생각했던 시절 가장 답답했던 것은 내가 무엇을 해야 할지 알 수 없었다는 것이었다.

20대 시절의 나는 철저한 실패자일 뿐이었다.

내가 과연 성공할 수 있을까? 그런 생각을 하면 머리가 아파지고 우울증이 왔다. 그런 20대 막바지인 스물아홉 살이 되면서 책을 쓰겠다는 결심을 했다.

매일매일 나는 게으른 나 자신과 전쟁을 치러야 했다. 책을 쓰지 않아도 이대로 괜찮지 않을까 하는 생각이 가장 큰 적이었다.

많은 사람들이 시도를 할 수 있다. 자신의 꿈을 이루기 위해 행동하는 것은 생각보다 어렵지 않을 수도 있다. 문제는 그것을 마칠 때까지 최선을 다해 할 수 있느냐다.

나는 나 자신에게 최선을 다했다는 면죄부를 준 적이 많다.

이 정도 했으니 그만 해도 되는 것 아니냐는 생각에서 한 행동이었다.

하지만 그런 생각을 한 것이 내 성장을 가로막았다. 조정래 작가가 말했듯이 최선을 다했다는 말은 스스로가 한 노력에 감동할 정도가 되어야 하는 것을 몰랐던 것이다.

거대한 성공을 거둔 사람들이 있다. 스티브 잡스, 빌 게이츠, 워렌 버핏, 손정의 등. 그들은 자신이 할 수 있는 한 가지에 모든 것을 걸었다.

스티브 잡스는 간결한 디자인에 목숨을 걸었고, 빌 게이츠는 온 세상의 가정에 컴퓨터 한 대가 있는 세상을 꿈꾸며 컴퓨터에 목숨을 걸었다. 워렌 버핏은 투자에 목숨을 걸었고 자신이 가장 잘 알고 있는 주식에 투자했다. 사람들이 기술주에 열광할 때 자신이 이해할 수 없다는 이유로 손을 대지 않았다. 손정의는 이미 젊은 시절에 자신의 인생 목표를 세우고 자신의 회사를 거대하게 성장시키는 데 모든 것을 걸었다.

반면 한 때 세계 1위의 자동차 회사였던 GM은 어느 순간 몰락해가고 있었다. 그 원인은 바로 '최고를 추구하는 것을 포기했기 때문'이었다.

당신은 자신이 가장 잘할 수 있는 단 하나의 무엇을 가지고 있는가?

10년 후 당신의 모습은 어떠한 모습이길 바라는가? 간신히 취직을 했지만 적성에 맞지도 않고 언제 잘릴지 몰라 두려운 모습을 꿈꾸지는 않을 것이다.

자신이 하루 종일 어떤 생각을 하는지 생각해보자.

당신이 어떤 사람인지 알고 싶다면 당신이 하루 종일 가장 많이 생각하는 대상이 무엇인지 생각해보면 된다.

취직에 목숨을 걸기 전에 자신이 어떤 것을 가장 잘하는지 어떤 것에 가장 흥미를 두고 있는지 곰곰이 생각해야 한다. 다른 사람을 위해 살아가는 것은 자기 자신으로 살아가는 방법이 될 수 없다. 당신이 진정으로 바라는 스스로의 모습은 어떤 것인가?

미셸 드 몽테뉴는 "이 세상에서 가장 중요한 것은 자기 자신이 되는 방법을 아는 것이다."라고 말했다. 나는 자기 자신이 되는 방법은 자신의 강점을 깨닫고 그것을 더욱 더 발전시키기 위해 노력하는 것이라고 생각한다.

〈뜨거워야 움직이고 미쳐야 내 것이 된다〉를 쓴 김병완 작가는 자기 자신만이 가진 강점을 발견하는 것이 중요한 이유 중의 하나는 그것이 가장 자신다움을 표현해낼 수 있는 방법이며 동시에 자기 자신이 되는 방법이기 때문이라고 말한다.

자신이 무엇을 할 때 가장 잘할 수 있는지, 어떤 일을 할 때 가장 행복한지를 생각하고 결론을 얻었다면 당신은 성공할 수 있는 기반 하나를 닦아 놓은 셈이다.

10년 후 자신의 모습은 어떤 모습일까? 자신의 강점을 갈고 닦으며 10년이 흘렀을 때 스스로 어떤 위치에 있을지 생각해보자.

10년 동안 열정을 가지고 자신의 강점을 갈고 닦았을 때 당신은 어떤 모습일까?

20대인 당신은 취직이 우선일지도 모른다. 학자금 대출 때문에 머리가 아프고 우울하다는 생각에 미래를 생각하기 싫을지도 모른다. 하지만 그럴수록 더욱 더 자신이 앞으로 무엇을 해야 할지 생각해 봐야 한다.

'일찍 뜻을 세운 사람은 일생동안 목표 하나를 견지한다. 하지만 뜻을 세우지 못한 사람은 항상 새로운 목표를 세우느라 인생을 허비한다.'

아직 뚜렷한 목표가 없는 당신은 이 말을 기억해야 한다.

당신은 평범하게 살고 싶은가?

현대 무용의 한 획을 그은 무용가인 마사 그레이엄은 "세상의 유일한 죄악은 평범해지는 것이다."라고 말했다.

자신의 강점을 계발하지 못한 사람은 평범함이라는 늪에 빠지고 만다. 우리 사회가 평범한 사람들을 잘 보호할 수 있는 사회라고 생각하는가?

뉴스에서 종종 보도되는 사건들을 우리들을 우울하게 만들기에 충분하다. 사업 실패로 경제적으로 어려움을 겪다가 동반 자살하는 일가족, 죽은 지 오랜 시간이 흘러서야 겨우 발견되는 사람들…. 착하게만 살기에는 적합하지 않은 곳이 우리나라이다.

20대이면 법률로 성인이라고 인정받는다. 하지만 어떤 20대들은 자신이 아직 다른 사람에게 의지하고 싶어 한다. 스스로 생각하는 대신 다른 사람이 자신의 문제를 해결해주길 바란다. 문제를 적극적으로 풀기보다 도피하기를 바란다. 이런 사람들에게 칸트는 다음과 같이 말한다.

"미성년의 원인은 이성이 부족한 데 있는 게 아니다. 다른 사람의 지도 없이 스스로 생각하려는 결단과 용기가 부족한 데 있다."

많은 사람들이 자신의 약점을 부끄러워하고 자신은 강점이 없다고 말한다. 그런 사람들에게는 강점이 없는 것이 아니라 자기 자신을 사랑하지 않기 때문이다.

검은 선글라스를 쓰면 세상이 온통 검게 보인다. 중요한 것은 문제가 있는 자신이 아니라 자신에게 있는 단점 대신 강점을 볼 수 있는 용기이다. 지금 당장 자신의 단점만을 보게 하는 편견이란 선글라스를 벗어라!

10년 동안 자신의 강점을 키울 자신이 있는가?

성공하기 위해서는 10년 혹은 그 이상을 꾸준히 자신의 강점을 키우는 데 투자해야 한다. 너무 길다고 생각한다면 철학자인 에픽테토스가 한 말을 생각해보자.

"어떠한 일도 갑자기 이루어지지 않는다. 과일 한 알, 꽃 한 송이도 그렇게 되지 않는다. 나무의 열매조차 금방 열리지 않는데 하물며 인생이란 열매를 노력도 하지 않고 조급하게 기다리는 것은 잘못이다."

강점을 키운다는 의미는 가장 자신다워진다는 의미이다.

당신은 세상에서 유일한 존재이다. 스스로 자신다움이라는 것이 어떤 것인지 생각해보자.

나는 내가 가장 잘 할 수 있는 것이 무엇인지 안다.

독서를 하면서 내 생각을 정리하고 새로운 이야기를 상상하는 일이다.

내 꿈을 이루기 위해 인문학을 공부해야 하고 더 많은 책을 읽어야 한다는 사실을 안다.

이 일은 내가 즐겁게 할 수 있는 일이다.

최근에 내게 아주 깊은 인상을 주었던 말을 소개한다.

자신의 강점을 10년 이상 꾸준히 단련한다면 어떤 결과를 낳는지 알 수 있는 말이다.

옐로우햇의 창업자인 가기야마 히데사부로가 한 말이다.

"작은 일도 정성을 다해 10년을 하면 위대해지고 20년을 하면 거대한 힘을 갖게 되고 30년을 하면 역사가 된다."

당신은 자신을 역사로 만들 자신이 있는가?

02

한 번뿐인 인생,
승부수를 던져보자

심리학 용어 가운데 자기 규정 효과(Self-Definition)가 있다. 자신에게 스스로 높은 가치를 부여하여 기대치를 높이면 그에 걸맞은 사람이 되고, 반면에 기대치를 낮추면 그에 비례하는 사람이 되는 현상을 가리키는 말이다. 가난하게 살고 싶은 사람은 없을 것이다. 많은 사람들이 부자로 살기를 바라지만 말하는 것은 마치 가난하게 살겠다고 다짐하는 것 같은 상황이 벌어진다.

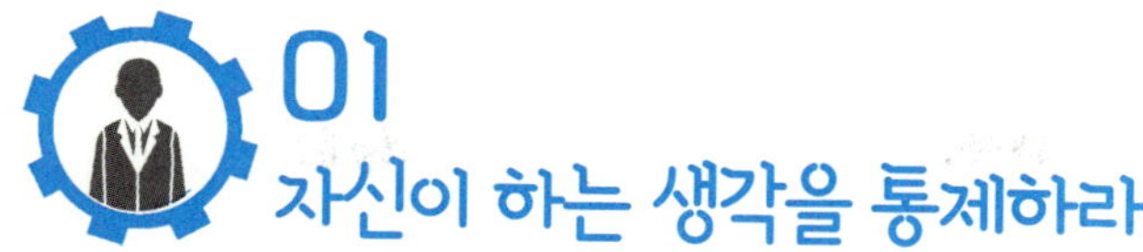

심리학 용어 가운데 자기규정 효과(Self-Defi nition Effect)가 있다.

자신에게 스스로 높은 가치를 부여하여 기대치를 높이면 그에 걸맞은 사람이 되고, 반면에 기대치를 낮추면 그에 비례하는 사람이 되는 현상을 가리키는 말이다.

가난하게 살고 싶은 사람은 없을 것이다. 많은 사람들이 부자로 살기를 바라지만 말하는 것은 마치 가난하게 살겠다고 다짐하는 것 같은 상황이 벌어진다.

언제나 가난을 이야기하고 가난을 예상하고 가난을 두려워하며 가난을 확신하는 태도를 보이는 사람들에게는 어김없이 점점 가난해지는 상황이 되고 만다.

〈린치핀〉을 쓴 세스 고딘은 다음과 같이 말한다.

"우리는 자신이 천재가 아니라고 지금까지 세뇌당한 것이 분명하다. 적당한 수준에서 일하고, 적당한 수준만큼 돈을 벌고,

꼭 해야 할 일만 한다. 우리가 이렇게 세뇌당한 것은 우리가 동의했기 때문이다."

평범하다는 내면의 목소리에 기울여서는 안 된다. 자신이 평범하다는 생각을 계속 할수록 평범함에서 벗어나지 못할뿐더러 앞서 달려가고 있는 사람들을 절대로 따라갈 수 없기 때문이다.

자신이 성공하고 싶다면 우선 자신의 마음속에 가득 차있는 "나는 평범하다."라는 생각부터 몰아내야 한다.

미국의 시인 겸 소설가인 에드워드 커밍스는 다음과 같은 말을 했다.

"우리를 모두 똑같이 만들려고 밤낮으로 전력을 다하는 세상에 맞서 다른 누군가가 아닌 나 자신이 되기 위해서는 가장 힘든 전쟁에서 끊임없는 전투를 치러야 한다."

잠시 자신을 돌아보자. 당신은 당신 자신이 되기 위해 끝없이 전투를 치를 준비가 되어 있는가? 다른 사람이 가는 길을 그대로 걷지 않고 자신의 고유한 특성을 버릴 자신이 있는가?

그렇지 않다면 우선 남과 자신을 비교하는 생각부터 바꾸어야 한다.

평범함을 버리고 자신의 강점을 찾아 나가자. 자신에게 주어진 강점을 찾아 발전시킨다면 당신은 세상의 단 하나 뿐인 소중한 존재가 될 것이다.

강점을 알고 발전시키는 것 외에 중요한 것이 또 하나 있다면 바로 발전시킨 강점을 어떻게 사용하느냐다.

중국 송나라에 대대로 세탁업을 하는 가족이 있었다. 한겨울에도 찬물에 빨래를 해야 했기 때문에 손이 트지 않는 약을 만들어 사용하고 있었다. 그러던 어느 날 한 나그네가 많은 돈을 주고 손이 트지 않는 약의 제조법을 알려달라고 청했다. 세탁업을 하는 사람들은 그의 요청을 받아들여 그 방법을 알려 주었다.

나그네는 오나라로 가서 자신을 장군으로 삼아 달라고 청했다. 마침 월나라가 쳐들어왔기에 오나라 왕은 그를 전쟁에 내보냈다. 때는 추운 겨울이었고 양자강 유역에서 전투가 벌어졌다. 오나라 장수는 손 안 트게 하는 약을 병사들에게 모두 바르게 했고 전력이 강해진 오나라는 월나라를 대패시켰다. 승리를 거두고 돌아온 장군에게 오나라 왕은 땅을 하사하여 다스리게 했다.

장자는 이 이야기를 두고 이렇게 말했다:

"똑같은 손 안트는 약을 가지고 누구는 그것으로 제후에 봉해지고, 누구는 평생 빨래나 하는 일을 벗어나지 못했다. 같은 물건이라도 그것을 사용하는 사람에 따라 그 쓰임새가 달라진다."

당신의 손 안 트는 약, 즉 장점은 무엇인가?

누구나 좋아하고 잘하는 일이 있다. 하지만 자신은 평범하다는 생각으로 자신의 강점을 그냥 지나쳐 버리게 된다. 이래서는 평생 평범한 생활에서 벗어나지 못한다.

소설가 겸 수필가 워싱턴 어빙은 이렇게 말했다.

"위대한 사람들에게는 목표가 있고, 평범한 사람들에게는 소망이 있을 뿐이다."

소망이 목표로 변화하기 위해서는 우선 자신이 하는 생각부터 변화시켜야 한다.

미국의 사회학자 로버트 머튼은 자성예언이라는 말을 했다.

자성예언이란 인간이 스스로 어떤 일이나 사물, 심지어 자신에게 기대나 암시를 함으로써 그 '예언'이 실제로 이루어지고 성취되도록 하는 현상이다. '생각이나 신념이 현실로 이루어진다.'는 것이다.

우리 뇌의 특성 중 하나는 주어를 구분하지 못한다고 한다.

상대방에게 "당신은 천재입니다. 당신은 참 훌륭하군요. 당신은 정말 멋진 사람입니다."라고 말할 때 의식적으로는 그 말의 주어가 상대방이라는 것은 알지만, 주어를 구분하지 못하는 우리 뇌는 그저 "천재입니다.", "훌륭하군요.", "멋진 사람입니다."라는 술어만 인식하고 그에 따른 반응을 보인다. 만약 우리가 상대방을 향해 '너는 멍청이다.'라고 욕한다면 우리 뇌는 '나는 멍청이다.'라고 말하는 것과 똑같은 반응을 보인다고 한다.

뇌가 보여주는 특징 하나는 현실과 상상을 잘 구별하지 못한다는 점이다.

우리가 무엇인가를 상상할 때 뇌는 마치 우리가 실제로 그것을 한 것과 똑같은 반응을 보이고 우리 몸과 마음에도 그렇게 행동한 것과 똑같은 효과를 내게 한다.

농구 선수들을 세 분류로 나누고 첫 번째 그룹에는 실제로 몸을 움직여 농구 연습을 하게 했다. 두 번째 그룹에는 연습을 전혀 못하게 하고 농구 연습을 상상하지 못하게 했다. 세 번째 그룹에는 농구공으로 연습하지 못하게 했지만 상상 속에서 매일 훈련을 하도록 했다.

20일이 지나자 세 그룹의 농구 실력이 변화가 있었다.

첫 번째 그룹은 농구 실력이 향상되었고, 두 번째 그룹은 농구 실력이 향상되지 못했다. 세 번째 그룹은 어땠을까? 놀랍게도 상상만 한 세 번째 그룹의 농구 실력 또한 향상되었다.

성공한 자신을 상상하라. 지금 현실이 어둡고 길이 보이지 않는다면 그럴수록 자신이 겪고 있는 이 시련이 성공할 수 있는 기반이 될 수 있을 것이라고 생각하라. 고난이 심할수록 자신이 성공했을 때 사람들에게 더욱 큰 감동을 줄 수 있다.

영국의 정치가 벤저민 디즈레일리는 이렇게 말했다.

"나는 오랫동안 명상한 결과 다음과 같은 확신을 스스로 얻게 되었다. 확고한 목표를 지닌 인간은 그것을 반드시 성취하고자 하는 의지가 있으며 그것을 꺾을 만한 것은 아무 것도 없다."

〈33세, 평범과 비범 사이〉를 쓴 오구라 히로시는 성공하는 비즈니스맨은 결코 작은 성공을 우습게 보지 않는다고 말한다. 그들은 작은 성공을 반복해서 커다란 이익을 손에 넣는다고 이야기한다.

어느 날 하루아침에 갑자기 이루어지는 성공은 없다. 성공한 사람들은 그럴만한 이유가 있었다. 자신이 가장 잘할 수 있는 일을 선택했고, 그 일에 열정을 기울였다. 사람들이 어떻게 평가하든 자신이 믿는 길에서 절대 물러나지 않았다. 또한 작은 성공이 큰 성공으로 이어질 수 있다는 사실을 믿었다.

〈33세, 평범과 비범 사이〉를 쓴 오구라 히로시는 자신이 아는 직장 선배 이야기를 하며 평범한 생활에서 벗어날 것을 이야기한다.

직장 선배 한 사람은 출퇴근 시간에는 늘 만화를 읽었고, 언제나 아슬아슬하게 출근했다고 한다. 그런 그가 20대에 회사를 세우고 싶다는 꿈을 갖게 되었다. 하지만 이제까지 살아온 방식으로는 성공할 수 없다는 것을 배운 뒤 읽는 책을 바꿨다고 한다.

〈사장이 되기 위한 ○○○〉라는 제목이 붙은 책이라면 모조리 읽었다. 사장의 생활 습관을 흉내내기 위해 고급 스포츠 클럽의 값비싼 조조 회원권을 샀다. 아침 일찍 일어나 진짜 사장들과 만나 함께 땀을 흘린 뒤 회사에 출근했다.

현재 30대 후반인 그는 고급 스포츠 클럽이 딸린 고급 아파트에서 살고 있다고 한다.

물론 사장이 되었다. 그냥 사장이 아니라 주식 공개까지 한 사장이다.

성공은 어느 날 갑자기 주어지지 않는다. 자신이 하는 생각을 통제하고 자신이 원하는 상황을 만들기 위해 자신이 하던 행동을 바꿔야 한다.

지금 당신의 꿈은 무엇인가? 그 꿈을 이루기 위해 생각을 어떻게 통제해야 하며 어떤 행동을 할 것인가?

다른 사람의 바람대로 사는 것은 진정한 삶을 사는 것이 아니다. 때로는 다른 사람의 기대를 배신하고 사는 것이 두려울 수도 있다. 관성에 익숙해졌기 때문에 '지금 이대로라면 좋겠어'라고 생각할 수도 있다.

하지만 그것은 남의 인생을 대신 사는 것이다. 자신이 진정으로 원하는 삶을 알지 못할 수도 있다. 20대의 10년을 자신이 무엇을 진정으로 원하는지 생각하고 스스로 행동하는 것은 무엇보다 소중하고 스스로 행동하는 것은 무엇보다 소중하다. 더 이상 내게 맞지 않는 일을 걷지 않겠다고 다짐한다면 그 때부터 변화는 시작된다. 다른 사람이 아닌 스스로의 삶을 살기 위해 지금 해야 할 일은 무엇일까?

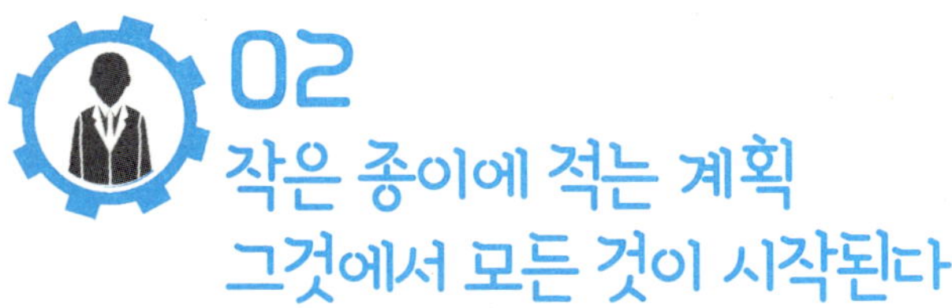

02
작은 종이에 적는 계획 그것에서 모든 것이 시작된다

1997년에 영국의 전 왕세자비인 다이애나가 파리에서 교통사고로 사망하면서 많은 영국인들이 눈물을 흘리며 그녀를 추모했다. 그 이후 한동안 우울증을 호소하는 영국인의 숫자가 절반으로 줄어들었다고 한다. 심리학자들은 이 현상을 두고 영국인들이 눈물을 흘리면서 스트레스와 우울증이 해소되었다고 말했다. 실제로 슬픈 일을 겪으면서 눈물을 흘리면 혈관을 축소시키고 심혈관에 부담을 주는 스트레스 호르몬이 흐르는 눈물과 함께 몸 밖으로 배출된다고 한다.

내가 언제 죽을지는 알 수 없지만, 내가 죽었다는 소식을 듣고 많은 사람들이 정말 좋은 사람이 갔다는 이야기를 듣고 싶다.

자신의 부고기사에 어떤 말이 쓰이기를 바라는가?

아무런 꿈도 목적도 없이 적당히 살았던 사람이 세상을 떠났다는 말이 부고 기사에 실리기를 바라는가?

우리는 언제 죽을지 알 수 없다. 언제 세상을 떠날지 아는 사람은 불치병으로 시한부 인생을 선고받은 사람들뿐이다.

큰 목표를 이루고 싶다면 우선 그 목표까지 다다를 수 있도록 작은 목표를 세워 성취감을 느낄 수 있도록 해야 한다. 큰 목표가 막연하게 느껴진다면 좀더 구체적인 내용으로 바꾸자. 그 다음 할 일은 목표가 이루어질 때까지 계속해서 기록하는 일이다.

나는 어느 날 아버지에게서 〈종이 위의 기적 쓰면 이루어진다〉라는 책을 선물로 받았다.

목표를 기록하면서 어떻게 성취할 수 있는지 알려주는 멋진 책이었다.

만화 '딜버트'로 세계적인 만화가가 된 스콧 애덤스는 목표를 기록으로 남기면 구체적인 결과가 다가온다고 항상 주장했던 사람이라고 한다.

그의 만화가 신문사에서 계속 거절당해도 포기하지 않고 계속 만화를 그리며 매일 열다섯 번씩 "나는 신문에 만화를 연재하는 유명한 만화가가 될 것이다"라고 썼다. 자신의 만화가 신문에 연재되기 시작하면서 그는 다시 "나는 세계 최고의 만화가가 되겠다"고 하루에 열다섯 번씩 쓰기 시작했다. 그의 두 번째 꿈 또한 전 세계적으로 2천 종의 신문에 연재되면서 이루어졌다.

유명한 미식축구 코치인 루 홀츠는 1966년에 자신이 원하는 목표들을 기록했다. 기록할 당시만 해도 불가능해 보였던 목표들이 기록하면서 분명해졌고 그는 107개 목표 중에서 103가지의 목표를 이루었다고 한다.

나는 아버지가 선물한 책을 읽고 내 목표들을 기록하기 시작했다. 실제로 몇 가지는 이루어졌다.

두 번째 책을 쓰는 지금 나는 중간에 포기하고 싶지 않다. 시작하기 전, 혹은 시작한 뒤에도 두려움을 느끼는 것은 자연스러운 일이다. 게다가 한 번도 하지 않은 일이라면 더욱 그렇다.

당신은 어떤 꿈을 이루고 싶은가? 평생에 하고 싶은 일들을 기록한 당신은 자신이 무엇을 바라는지도 모르는 사람들보다 앞서 나갈 수 있다. 목표를 이루기 위해 어떤 일을 할 것인가? 어떤 일을 하고 어떤 일을 하지 않을 것인가?

어떤 사람이든 하루에 24시간이라는 시간이 주어진다. 그 시간을 어떻게 보낼 것인지 생각해 보자. 시간 관리를 제대로 하고 싶다면 우선 자신의 하루를 기록해 보자.

몇 시부터 몇 시까지 무엇을 했는지 언제 자고 언제 일어났는지 차근차근 빠짐없이 기록한다면 빈 시간을 어떻게 보낸 것인지 감이 잡힐 것이다.

당신은 목표를 어떻게 이룰 것인가?

자신의 일과를 기록했다면 매일 다시 확인하면서 변경 사항이 있으면 바꿔 적어나가야 한다. 목표는 생물과 같기 때문에 한 번 이루면 다른 목표로 전환될 수 있다.

목표를 기록하고 난 뒤에 헌신하기로 결심하라. 지금 당장 목표가 이루어지지 않았다고 비관하며 아무 것도 하지 않는다면 목표는 점점 현실과 거리가 멀어지고 남은 것은 좌절 뿐이다. 반면 자신이 할 수 있는 것에서 한 걸음씩 옮겨가면 어느 새 자신이 바라는 목표에 다다른 자신을 발견할 수 있을 것이다.

나는 내 책이 방황하는 20대에게 조금이라도 도움이 되기를 바란다. 나는 내 책이 위로를 줄 수 있게 되기를 바라지 않는다. 나 또한 힘겨운 20대를 보냈기에 이래라 저래라 하는 것이 망설여진다. 이 책을 쓰는 목적은 방황하는 20대가 자신만이 걸을 수 있는 길을 걷기를 바라기 때문이다. 그 길을 찾는 데 내 책이 조금이나마 도움이 되기를 바란다.

나는 기록하면서 내 꿈을 이루었다. 언제까지 첫 번째 책의 원고를 완성하고 언제 출판사에 투고할 것인지 계속해서 기록한 결과 중간에 힘들어 했으면서도 결국 작가라는 꿈을 이루게 되었다. 꿈은 한 번 이루면 그 자리에 머물러 있는 것이 아니다. 끊임없이 진화하고 발전하는 생물체와 같다.

당신의 꿈을 소중히 여기며 이룰 수 있다고 생각하자. 끝없는 노력과 함께 계속해서 목표를 기록한다면 자신의 꿈이 실현된 것을 볼 수 있을 것이다.

당신은 왜 목표를 기억해야 하는지 모르겠다는 생각을 할 수 있을 것이다.

하버드 대학과 예일대학의 심리학연구소에서 '인생의 장기 목표가 꿈을 이루고 행복하게 사는 데 얼마나 도움이 될까?'라는 연구를 한 적이 있었다.

이 연구에 참여한 사람들 중 자신은 꿈을 이루었다고 믿으며 사회와 가정 모두에서 행복한 삶을 누리고 노년에도 안정된 생활을 할만큼 부유한 사람의 비율은 3%에 불과했다. 그 밑에 10%는 중산층이었고, 빚을 조금 진 채 근근이 사는 서민층이 60%, 꿈을 이루기는커녕 다른 사람의 도움 없이 생활할 수 없는 극빈층은 27%였다.

연구진은 이들의 대학 졸업 당시를 추적했다. 그 결과 최상위 3%와 상위 10%의 중산층에게 공통된 내용을 발견할 수 있었다. 바로 '인생의 장기 목표'가 있었다는 것이다. 최상위층과 중산층을 가르는 기준은 문서로 목표를 기록했느냐 하는 것이었다. 최상위 3%는 대학을 졸업할 당시 글로 분명하게 목표를 적었고, 중산층은 인생 계획을 가졌으나 머릿속에만 남겨둘 뿐 구체적으로 적지 않았다. 빚을 진 60%는 6개월~1년 정도의 단기 계획만 갖고 살았으며, 나머지 27%는 아무런 계획 없이 하루하루를 살아온 사람이었다.

자, 이런 연구 결과를 보고 어떤 생각이 드는가?

당신의 소중한 꿈을 기록하고 그 꿈을 이루기 위해서 어떤 행동을 해야 하는지 지금이라도 적어보자. 그 꿈이 이루어진 순간 당신은 정말 행복해 할 것이고, 그토록 바랐던 성공에 한 걸음 더 앞으로 나아갈 수 있을 것이다.

꿈을 적을 때 그 꿈이 자신에게 어떤 의미인지 생각해 보자. 다른 사람의 바람대로가 아닌 스스로의 삶을 변화시킬 꿈을 꾸자.

세상을 변화시키기 위해서는 우선 자신부터 변화해야 한다는 말이 있다. 대가 없이 이루어지는 일은 없다. 꿈을 이루기 위해서 지금부터 포기해야 할 덜 중요한 일은 무엇인가?

꿈을 이루기 위해 우선 순위를 정하고 가장 중요한 일부터 시작하자. 자신의 행동 전부를 꿈을 위한 목표를 달성하기 위해서 지금부터 정리하고 변화하도록 하자. 꿈을 이루기 위해 몇 시간을 투자할 것인가? 중요하지 않은 일을 스스로의 꿈을 이루기 위해 해야 할 일로 변환할 자신이 있는가?

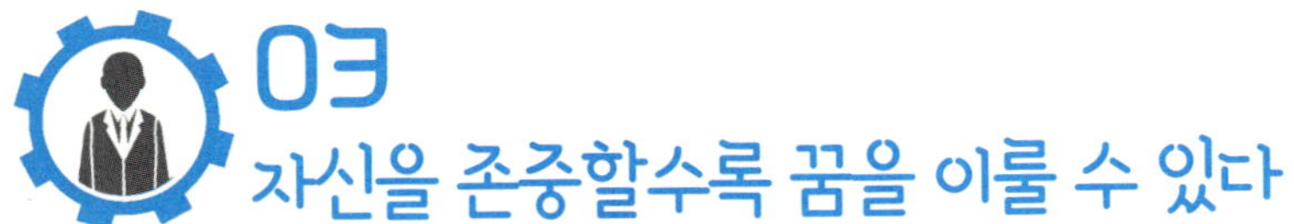

당신은 스스로를 사랑하는가? 과거에 어떤 일을 겪었든 어떤 실수를 저질렀든 스스로를 용서하고 사랑할 수 있는가?

찰스 디킨스가 쓴 〈위대한 유산〉에서 미스 헤비샴이란 인물은 과거에 입은 상처에서 평생 벗어나지 못하고 사는 인물이다.

결혼하기로 한 남자가 결혼식 날 그녀의 돈을 가지고 도망치면서 미스 헤비샴은 평생 결혼식 날 입은 옷을 입고 산다. 남자들에게 복수하기 위해 고아 소녀 에스텔러를 키운다. 에스텔러는 거만한 성격으로 자라고 최악의 남자와 결혼하여 불행하게 살아간다. 미스 헤비샴은 뒤늦게 후회하지만 때는 이미 늦었다.

꿈으로 가는 길을 걷고 싶다면 우선 자신과 화해해야 한다. 그래야 어려운 일이 생기더라도 자신을 믿고 씩씩하게 앞으로 나갈 수 있기 때문이다.

우리가 어렸을 때 어른들은 이런 말을 했다.

"그 일을 하기에는 넌 너무 어려. 나중에 크면 해."

시간이 흘러 20대가 된 당신은 하고 싶은 일을 눈앞에 두고도 이렇게 말하고 있는 건 아닌지 확인해 보자.

"그 일을 하기에는 난 나이가 너무 많아."

나이가 문제가 아니라 자신을 믿지 못하기 때문에 이런 말을 한다. 자신을 사랑하고 믿을 수 있다면 대부분의 일에서 나이 따위는 문제가 되지 않는다.

자신이 평범하기 때문에 아무 것도 이루지 못한다고 생각한다면 생각한대로 인생은 흘러가게 된다. 인생이란 강에 휩쓸려서 그저 시간만 흘려보내고 싶은가?

〈당신은 드림워커입니까〉, 〈미친 꿈에 도전하라〉를 쓴 베스트셀러 작가이자 한국 책쓰기 성공학 코칭 협회회장인 권동희 작가는 어느 날부터 평범했던 삶과는 다른 삶을 살기 시작했다. 바로 '나는 왜 과거에 더 큰 꿈을 꾸지 못했던 것일까?'란 생각을 하게 되면서였다.

그녀는 직장을 다니며 받는 월급 가운데 일부는 적금을 넣고 나머지는 자기계발비로 쓰기 시작했다. 그러는 동안 인생을 자신이 원하는 대로 만들어갈 수 있다는 데 희열을 느꼈다고 한다. 더 이상 평범하거나 보잘 것 없는 자신이 아니었다고 권동희 회장은 말한다.

많은 20대들이 취업에 목숨을 걸고 한 방향으로 가고 있다.

공무원, 교사, 대기업, 공기업이 최고의 직업이고 가장 선망하는 직장이다. 이른바 '안정되거나 돈을 많이 벌 수 있는 직장'이 최고이고 자신이 무엇을 잘할 수 있는지는 생각하지 않는다. 스펙을 쌓기 위해 졸업을 미루는 대학생도 늘고 있다.

이런 20대들에게 권동희 회장은 말한다.

"세상은 나에게 어떤 꿈이건 마음대로 그릴 수 있는 드림 스케치북이다. 나는 남들이 가지고 있는 스펙을 쌓기 위해 소중한 내 청춘을 낭비하지 않을 것이다. 내 인생 최고의 스펙은 확고한 꿈과 지칠 줄 모르는 청춘이기 때문이다."

과거에 어떤 삶을 살았건 과거는 단 1초라도 바꿀 수 없다. 많은 사람들이 지나간 일에 깔린 채 살아가고 있다. 나처럼 과거를 용서하지 못한다면 몇 년 이상의 시간을 낭비하게 된다. 언젠가 자신이 죽음을 눈앞에 두었을 때 자신이 겪었던 끔찍한 과거 때문에 아무 것도 이루지 못한 것을 깨닫는다면 얼마나 큰 인생의 낭비일까?

인생에는 이미 한 일 때문에 후회하기보다 하지 않은 일에서 더 큰 후회가 있다고 한다.

시간은 한정되어 있다. 우리 모두 언젠가는 죽기 때문이다. 한정된 시간 안에서 우리는 하고 싶은 일을 최선을 다해 해야 한다.

지금 과거의 일을 진심으로 후회한다면, 또한 자신이 새로운 인생을 살고 싶다면 무슨 일이든지 시작해보자. 자신의 꿈을 생각하고 그 일을 어떻게 이뤄갈지 그 일이 이루어진다면 내게 어떤 일이 벌어질지 생각해보자.

당신은 정말로 독립된 어른인가? 남의 꿈을 대신 살아주는 것은 아닌가?

내 나이는 서른하나다. 평균 수명이 점점 길어지는 상황에서 아직 절반도 살지 않았다. 그래서 나는 꿈꾸고 있고 그 꿈이 이루어질 것이라고 확신한다.

권동희 작가는 가장 경계하는 것이 '철든 청춘'이라고 말한다.

그녀가 정의하는 철이 들었다는 말은 자기가 서 있는 현실을 직시하고 자신의 한계를 아는 것을 뜻한다고 한다. 그래서 한평생 살면서 특별한 모험을 해보거나 바닥까지 떨어져본 경험이 없다. 성공에는 어김없이 대가가 따르는 법인데 철이 들었기 때문에 시도하지 않는다. 결국 세상을 깜짝 놀라게 하거나 괄목한 만한 성공도 이루지 못한다고 이야기한다.

권동희 작가는 성공은 아무나 할 수 있지만 누구나 할 수 없다고 말한다.

자신의 내면이 시키는 대로 겁 없이 도전할 수 있는 철들지 않은 청춘만이 할 수 있다고 조언한다.

20대 내내 세상과 불화했다. 내 꿈이 확실하게 정해진 것도 아니었고, 다니던 대학과도 사이가 좋지 않았다. 학교에 가면 답답해서 도서관에 들어가는 일이 수없이 있었다.

주제를 맞춰서 읽었으면 좋았을 테지만 이것저것 손에 잡히는 대로 읽었다.

그렇게 읽은 책이 이렇게 책을 쓰는데 도움이 되고 있다.

목표를 세웠다면 가장 주의할 것이 왜 아직 달성되지 않느냐고 기다리지 못하고 포기하는 일이다. 불안하다는 것은 이해하지만 가장 적절한 때를 기다려야 한다.

현재 도전하기 위해서 이 책을 쓰고 있다. 물론 쉽지 않은 일이다. 각 소제목마다 맞는 사례를 찾고 내 생각을 집어넣는 일은 잘될 때는 즐겁게 할 수 있지만, 어떤 때는 정말 어렵게 겨우 넘기는 경우도 있다. 하지만 나는 계속 전진한다. 내 경험이 20대들에게 도움이 되기를 갈망하면서.

꿈은 한 번 이루면 진화한다. 나는 그저 하루에 내가 정한 분량을 맞춰 쓰는 것에만 집중했다. 세상이 어떻게 돌아가든 신경 쓰지 않았다.

내가 첫 책을 쓰기 위해 어떤 일을 했느냐고 묻는다면 나는 이렇게밖에 대답할 말이 없다.

"그냥 계속 읽고 썼어요. 책이 나오지 않는다는 생각은 하지 않았어요."

독일 작가 괴테는 "자기가 하는 일에 신념을 가져야 한다. 누구나 자기가 하는 일이 좋다고 굳게 믿어야 한다."고 말했다. 당신은 자신이 하는 일에 신념이 있는가?

'청춘을 젊음에게 주기에는 너무 아깝다.'는 말이 있다. 이 말을 20대 때 들었을 때는 무슨 말인지 알지 못했다. 이제는 안다. 20대가 지난 나는 과거의 긴 방황을 끝내고 내가 원하는 소중한 꿈을 찾았다.

20대 내내 막연한 꿈의 그림자를 쫓아다녔다면 이제는 꿈의 실체에 다가갔고, 한 걸음 더 나아간 꿈을 찾았다. 그런 내가 무척이나 자랑스럽다.

거대한 성공을 꿈꾼다면 우선 그 꿈을 작게 분해해서 지금 할 수 있는 일에서부터 시작해보자. 자신을 용서하지 못한 과거에서 벗어나 밝은 미래를 향해서 나아가보자.

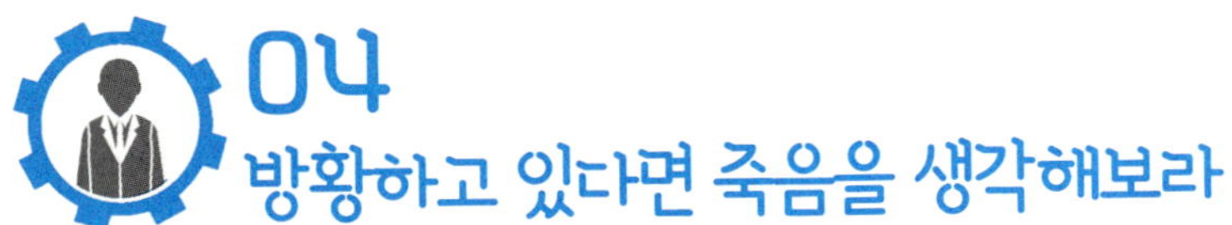

"내가 곧 죽는다는 사실을 기억하는 것은, 중요한 결정을 내려야 할 때 가장 도움이 되는 도구입니다. 외부의 기대, 자존심, 부끄러움, 실패 등은 죽음 앞에서 무의미해지기 때문입니다. 언젠가 자신이 죽는다는 사실을 기억하면 무언가를 잃을까봐 두려워할 필요가 없습니다. 이미 당신은 벌거벗었습니다. 당신의 마음을 따르지 않을 이유가 없습니다."

스티브 잡스가 한 말이다.

이 말을 책에서 보고 많은 생각을 했다. 내가 내일 죽는다면 나는 무엇을 후회할 것인가?

내가 바랐지만 하지 못한 것을 더 많이 후회할 것이다.

나는 20대의 마지막 1년을 후회하지 않는다.

내 첫 번째 책을 쓰느라 열심히 노력한 몇 달 동안이 방황한 9년보다 더 가치 있다고 생각한다. 시간은 결코 무한하지 않다. 어느 날 갑자기 세상에 던져져서 태어난 우리는 언제 죽게 된다는 것을 아는 것 또한 쉽지 않다. 말기 암에 걸려서야 혹은 죽을 고비를 겨우 넘겨서야 우리는 삶의 의미를, 그것이 얼마나 중요한지 뒤늦게 깨닫는다.

"덜 갖고 더 많이 존재하라. 삶에서 중요한 것은 당신이 갖고 있는 소유물이 아니라 당신 자신이 누구인가 하는 것이다. 우리가 가지고 있는 것이 아니라, 그것으로 우리가 어떤 일을 하느냐가 인생의 진정한 가치를 결정짓는 것이다."

헬렌 니어링이 한 말이다. 이 말을 우연히 인터넷에서 보고 또 많이 생각했다. 내게 있는 것, 사람들이 재능, 능력, 노하우라고 부르는 것은 무엇일까? 내가 잘할 수 있는 것은? 내가 좋아하는 것은 무엇일까? 좋아하는 것을 하는 것이 잘할 수 있는 길일까?

나 또한 다른 사람들과 마찬가지로 어느 날 갑자기 태어났다. 내가 어느 가정에서 태어날 것인지 선택할 수 있었다면 좋은 선택을 할 수 있을지는 모르겠다. 세상에 던져진 지 서른한 해를 보내고 있는 내가 잘할 수 있는 것을 찾는 데 30년이나 걸렸다.

이 책을 읽는 20대들에게 하고 싶은 말은 스티브 잡스가 말했듯이 우리에게 주어진 시간은 한정되어 있다는 것이다. 우리가 주어진 시간 안에서 최선을 다해 선택할 수 있는 것을 찾아야 한다는 말도 하고 싶다. 20대는 이런저런 시행착오를 하면서도 자신이 평생을 걸어야 할 길을 찾아야 하는 시기이다. 결코 다른 사람들이 걷는 길을 제대로 생각도 하지 않고 걷는 실수를 하지는 말아야 한다.

내가 공무원 시험에 수없이 실패한 것은 물론 공무원 시험 문제가 어려워서일 수도 있다. 하지만 나는 공무원이 되는 것이 내게 정말 맞는 것인지 진지하게 고민해보지 않았다.

그 결과 나는 많은 시간과 돈을 낭비하게 되었다. 지금 생각해보아도 참 가슴 아픈 실패담이라고 할 수 있다.

당신의 소중한 꿈을 주변 사람들이 인정해 주지 않는가?

꿈을 믿고 앞으로 나아가기에는 주변의 반대가 너무나 큰가?

그럴 경우 더 치열하게 꿈을 위해 앞으로 나아가야 한다. 사람들이 "그러다가 쓰러지겠다. 좀 살살해.", "너 정말 미친 거 아니니? 무엇 때문에 그런 일을 죽도록 하니?"라고 하는 말을 한 번쯤 들어볼 정도로 치열하게 살아야 한다.

서른한 번째 해를 보내면서 내가 얻은 인생의 교훈은 자신이 한 번 정한 길에서 죽을 힘을 다해 노력해야 세상이 조금씩 알아본 척(?)을 한다는 것이다.

첫 책을 쓰는 지금 정말 죽도록 책을 읽었고, 나 자신의 기록을 갈아치우기 위해 노력했다. 어제 A4 용지로 석 장을 썼다면 다음 날에는 좀 더 많이 쓰려고 애썼다. 지금 내가 하는 일을 인정해 주는 사람이 누구일까 하는 생각은 거의 할 수 없었다. 난 그냥 원고 쓰기에 철저히 몰입했다.

내 두 번째 책인 이 책을 쓰는 데에도 나는 치열하게 노력하고자 한다. 오늘도 내일도 책이 완성될 때까지는 계속 쓸 계획이다. 이 계획에 후퇴란 없다.

인간의 수명이 늘어나고 있다고 의학계는 말하고 있다. 뉴스에서 누가 또 자살했다는 소식이 들린다. 사람은 삶의 의미가 있어야만 살아갈 수 있다. 지금 당신의 머릿속을 사로잡은 주제는 무엇인가? 무엇을 위해 살아가리라 결심했는가? 자신을 사로잡은 주제에 빠져 들어가 치열하게 노력하라. 남들이 인정하건 말건 최대한 빠져 들어가 성과를 내라. 그렇다면 언젠가 당신을 무시하던 사람들도 이렇게 말할 것이다. "난 네가 성공하리란 사실을 알고 있었어."라고.

나는 한 사람이 살아있다면 해야 할 일이 남아 있기 때문이라는 말을 믿는다.

자신이 낭비한 오늘 하루를 어떤 이는 간절히 바랐다는 말을 기억해야 한다.

살아있다는 것이야말로 축복받은 것이다.

'내 인생, 왜 이렇게 힘들고 어렵게만 느껴질까?'라고 생각한다면 〈맹자〉에서 그 이유를 알 수 있다.

"하늘이 어떤 이에게 장차 큰일을 맡기려 할 때는 반드시 먼저 그 마음을 수고롭게 하고 그 근육과 뼈를 지치게 하며 육체를

굶주리게 하고 생활을 곤궁하게 해서 행하는 일이 뜻대로 되지 않도록 가로막는데, 이것은 그의 마음을 움직여 그 성질을 단련시키며 예전에는 도저히 할 수 없었던 일을 더 잘하도록 하기 위함이다."

당신이 지금 겪고 있는 어려움을 극복한다면 나중에 성공했을 때 사람들에게 들려줄 수 있는 이야기 중 하나가 될 수 있을 것이다. "나는 어려움을 겪었지만 결국 극복하고 제 꿈을 이룰 수 있었습니다. 힘내세요."라고 위로할 수 있을 것이다.

지금 겪고 있는 어려움은 죽음에 비하면 가벼운 것이다. 힘을 내어 자신이 가고 싶은 곳을 분명히 하고 그 길을 향해 치열하게 노력하자.

05
습관이 당신이 원하는 길로 이끌리라

　　자신이 성공할 수 있다고 믿는가? 성공을 거두고는 싶지만 자신은 할 수 없다고 믿는 사람들이 있다. 남들만큼 혹은 그보다 큰 성공을 하기 원하지만 자신이 그만큼 큰일을 할 수 있을까 하는 걱정을 먼저 하는 소심한 사람들이다.

　　큰 성공을 거두기 위해서는 작은 성공부터 이뤄가야 한다.

　　매일 아침 일찍 일어나기, 1시간 이상 인터넷 서핑하지 않기, 매일 정해진 거리를 걸으며 운동하기 등 자신이 결심한 일을 매일매일 실천에 옮기며 작은 성공을 쌓아가는 것은 스스로를 신뢰할 수 있는 힘을 가지게 한다.

　　작심삼일이라는 말이 있다.

　　마음을 먹어도 사흘을 못 간다는 의미이다. 그렇게 거듭된 실패는 자신감을 빼앗아가고, 자심감이 상실된다면 자신이 원하는 그 모습을 이루기에도 실패하고 만다.

　　그렇지만 성공을 진정으로 원한다면 작심삼일이어도 반복해야 한다.

마음먹은 일을 사흘마다 거듭한다면 어느 새 습관이 되어 실행에 옮기는 일이 굉장히 쉬운 일이 될 것이다.

'습관'이란 단어를 네이버 사전에서 찾아보면 다음과 같은 의미이다.

①여러 번 되풀이함으로써 저절로 익고 굳어진 행동(行動)
②치우쳐서 고치기 어렵게 된 성질(性質)

성공하기 위한 습관을 만들고 싶다면 당신의 습관을 한 번 종이에 적어보자. 하루를 보내면서 어떤 습관을 행동으로 옮기는가? 생각보다 가지 수가 적을 수도 있다. 이미 몸에 익어서 자연스러워졌기 때문에 굳이 습관이라고 생각하지 않았기 때문이다.

당신이 자연스럽게 몸에 익힌 습관이 당신이 원하는 성공의 길로 이끌 수 있다.

작은 습관이어도 좋다. 무엇인가 나쁜 습관을 끊는다면 좋은 습관이 연속되어 일어나게 된다.

좋은 습관은 당신의 뇌를 변화하게 하고 자신감을 얻게 한다.

좋은 습관이 없다고 생각한다면 자신에게 있는 나쁜 습관을 고치면 된다.

시골의사라는 필명으로 유명한 박경철 작가는 자신이 쓴 책 〈시골의사 박경철의 자기 혁명〉이라는 책에서 바라는 것이 있다면 나쁜 습관부터 고치라고 권한다.

만약 당신이 사법고시에 합격해 법관이 되겠다는 목표를 세웠다면 책상머리에 법의 여신상을 오려 붙이고 법전과 교재를 사러 나가는 것보다 더 중요한 것이 있다. 평소 해야겠다고 생각만 했을 뿐 실행에 옮기지 못하고 있던 것을 실천하는 것이다. 예를 들어 담배를 끊어야겠다고 생각은 하면서도 막상 끊지 못하고 있다면 당신의 애티튜트는 아직 더 큰 것을 실행할 준비가 되어 있지 않은 것이다. 당장 필요한 것도 하지 못하는 태도가 습관이 되어 있는데 더 많은 시간을 들이고 자신을 전부 던져야 하는 더 큰 결심을 어떻게 실천하겠는가. 보나마나 실패할 게 뻔하다.　　〈시골의사 박경철의 자기 혁명〉 p. 154

자신이 성공을 거두고 싶은 이유는 무엇인가?

자신의 초라한 모습이 싫어서, 남들보다 성취하고자 하는 열망이 커서, 경제적으로 안정된 삶을 누리고 싶어서 등 여러 가지 이유가 있을 것이다.

내가 20대였던 때 나는 자주 우울감에 시달렸다. 아무 것도 할 수 없다는 생각이 나를 휘어잡고 있었다. 무기력하게 살고 있는 나 자신이 진저리나도록 싫어서 뭔가 변화를 해야겠다고 마음먹었다. 그런 내게 좋은 습관이라고는 책을 좋아하고 자주 읽는 것이 유일했다.

나는 〈독서 천재가 된 홍 대리〉를 읽었다.

당시 내가 다니던 영어학원의 원장이 공저한 책이었다.

책 마지막에 보면 1년 365권 읽기에 성공하고 인생이 바뀌었다고 말하는 사람들이 쓴 글이 있었다. 당시 나는 상당히 절박한 상황에 놓여 있었다. 이대로는 안 된다는 빨간불이 들어와 있는 상태였다. 이대로 살다가는 당장 1년 후에도 실패자로 살 것이라는 위기감이 들었다. 나는 책 읽기를 좋아했는데 책을 많이 읽으면 성공할 수 있다는 말에 상당히 큰 희망을 가지게 되었다. 나는 닥치는 대로 책을 읽기 시작했고 1년 365권 읽기를 8개월 만에 마칠 수 있었다. 그 뒤 내게 어떤 변화가 있었느냐고? 유감스럽게도 나 자신이 어떤 변화를 얻게 되었는지 하나도 알 수 없었다. 도대체 책을 많이 읽은 것 말고는 달라진 것이 없었다. 나는 일종의 슬럼프에 빠지게 되었다. 책을 많이 읽으면 크게 변화할 줄 알았는데 여전히 초라한 나였던 것이다.

1주일도 못 되어서 다시 책을 읽기로 했다. 아무리 실망해도 결국 책을 잡을 수밖에 없었다. 책은 일종의 운명적인 짝이었다. 한시도 떨어져서는 살 수 없는 지독한 사랑에 빠진 대상이었다.

작은 성공을 거두면서 자신감을 얻을 수 있다. 그 자신감이 좀 더 큰 목표에 도전할 수 있게 하고 그렇게 조금씩 성공을 거두다 보면 자신이 진정으로 원하는 큰 성공에 다다를 수 있다.

자신이 아무것도 할 수 없다고 생각하면 정말로 아무 것도 이룰 수 없게 된다.

당신은 무엇 때문에 두려워하는가? 성공한 사람들은 실패를 두려워하지 않았다.

작은 성공을 끊임없이 이어갔고 실패를 해도 자신이 바라는 것을 얻기 위해 결코 포기하지 않았다.

당신 자신을 변화하게 하는 것은 오직 자신뿐이다.

자신을 믿기 위해서 한 가지 권하고 싶은 것이 있다.

바로 스스로를 칭찬하는 습관을 들이는 것이다.

작은 것이라도 좋다. 만약 직장을 다니고 있는데 지각하지 않고 일찍 직장에 도착했다면 그것을 칭찬하고, 군것질을 하지 않았다면 그 점을 칭찬하면 된다.

낯 뜨거워서 하지 못하겠다고? 스스로를 가장 잘 안다고 말하는 사람들이 자신의 진정한 장점을 제대로 알지 못하는 경우가 있다. 자신을 칭찬하면 할수록 자신을 긍정적으로 바라볼 수 있는 연습을 하는 것이다.

매일매일 하루 세 가지씩 자신을 칭찬할 수 있는 습관을 들이자. 그렇게 한다면 자신을 믿을 수 없는 사람이라도 조금씩 자신을 신뢰할 수 있을 것이다.

거대한 성공을 거둔 사람들은 무엇보다 자신을 믿었다.

미국의 부동산 재벌 도널드 트럼프는 한 때 10억 달러가 넘는 빚을 진 적이 있었다.

자신을 믿지 못하는 사람이었다면 크게 좌절해 아무 것도 할 수 없었을 것이다.

그러나 최악의 순간에서도 그는 자신이 다시 일어설 수 있을 것이라고 믿었다.

도널드 트럼프는 빚을 진 은행에 자신이 정상적인 삶을 누리면서 품위를 잃지 않고 돈을 갚을 수 있도록 해달라고 요청했다. 결국 그는 부유한 삶을 유지하면서 엄청난 빚을 갚고 재기할 수 있었다.

03

20대야말로 도전할 가장 좋은 시기이다

성공하기 위해서 인맥을 쌓아야 한다는 말을 들었을 것이다. 성공한 사람들을 좇아다니며 그들의 성공 방식을 듣는 일은 중요한 일이다. 하지만 그보다 중요한 일은 자신의 실력을 키우는 일이다.

01
사람들의 기억 속에서 차라리 잊혀져라

성공하기 위해서 인맥을 쌓아야 한다는 말을 들었을 것이다. 성공한 사람들을 좇아다니며 그들의 성공 방식을 듣는 일은 중요한 일이다.

하지만 그보다 중요한 일은 자신의 실력을 키우는 일이다.

내가 어렸을 때 집에 한석봉의 위인전을 읽은 적이 있었다.

어렸을 때부터 서예에 재능이 있었던 그는 10년 동안 절에서 공부를 했다고 한다.

어머니가 보고 싶어 집에 왔던 그를 매정하게 쫓아 보내는 이야기를 들어본 적도 있을 것이다.

왜 어머니는 절로 아들을 보냈을까?

지금 와서 생각해보면 절은 조용한 곳이고 자신을 찾아오는 사람도 없었을 것이다.

글씨를 잘 쓴다고 치켜세우는 사람도 없었을 것이고 그 때문에 자신의 실력을 더욱 키우는데 열중할 수밖에 없었을 것이다.

이처럼 자신의 실력을 키우기 위해서는 잠시 주변과 단절하고 자신의 실력을 키우기 위해 집중하는 일을 두려워해서는 안 된다.

20대에는 자신이 평생 직업으로 할 것을 정하는 시기다.

자신이 가장 잘 할 수 있는 일을 20대에 찾는 것이야말로 성공하기 위한 첫걸음을 떼는 것이다.

〈인생에서 가장 소중한 것은 서점에 있다〉를 쓴 센다 타쿠야 작가는 성공하고 싶다면 우선 몰려다니지 말아야 한다고 충고한다. 그는 무리에 속한 사람들 중에 부자는 한 사람도 없다고 주장한다.

비슷한 직책에 비슷한 연봉을 받으며 비슷한 처지에 비슷한 발상과 비슷한 고민을 하는 사람끼리는 아무리 모여 있어도 서로 배우지 못한다고 충고한다.

아는 사람들과 모여서 매일 불안한 미래를 고민할 것인가?

고민하는 것만으로는 아무 것도 하지 못한다. 아는 사람들과 잡담하는 것으로 자신이 성장할 수 있다고 생각하는가?

사람들이 잘못 생각하는 것 중 하나는 인맥을 만들면 성공할 수 있다고 생각하는 것이다.

〈20대, 나만의 무대를 세워라〉를 쓴 유수연 작가는 아무리 좋은 친구라고 해도 무능한 인맥은 나중에 민폐가 된다고 말한다. 정말 자신의 친구들을 지키고 싶다면, 진짜 인맥을 가지고 싶다면 자신이 그만한 가치가 있는 존재로 성장하는 것이 우선이라고 말한다.

유수연 작가는 세상은 절대 약자를 중심으로 모이지 않는다고 충고한다.

자신이 먼저 서면 인맥은 저절로 생긴다고 말한다. 자기 중심이 확실하고 능력이 있는 사람들은 애써 인맥을 만들려고 애쓰지 않는다고 이야기한다. 자신이 가치 있는 사람이 되면 인맥은 저절로 넓어지기 때문이라고 말한다.

나 또한 오랫동안 자처한 왕따였다. 아이들이 좋아하는 아이돌 가수에게 관심을 두지 않았다. 내가 관심 있는 분야는 역사였다. 어렸을 때 역사 스페셜이라는 프로그램의 열렬한 팬이었다. 역사적 사실을 아는 것 만큼 즐거운 일은 없었다. 부모님은 "책 좀 그만 사라."라고 늘 말씀하셨지만 만날 사람이 딱히 없는 나는 열심히 책을 읽는 것밖에 오락거리가 별로 없었다.

이 책을 읽는 당신에게 묻고 싶은 것이 있다.

아는 사람과 이야기할 때 어떤 주제로 이야기하는가?

자신의 꿈을 이루기 위해서 혼자가 될 준비가 되어 있는가?

혼자 있을 때 주로 하는 것은 무엇인가?

어떤 분야에서 성공하고 싶은가?

오랫동안 혼자서 자신의 실력을 키울 자신이 있는가?

주변의 사람이 없어서 고독하다면 우선 자신이 가장 하고 싶은 분야에서 요구하는 공부를 열심히 하라. 세상과 잠시 단절되는 것을 두려워해서는 안 된다.

당신은 주변 사람과 어울리는 대신 불안한 미래를 살고 싶은가?

친구는 한두 명에 불과하더라도 마음을 나눌 수 있고, 힘들 때 서로에게 격려가 될 수 있다면 충분하다. 아는 사람이 100명이라도 자신이 실력이 없다면 부탁하기도 어렵다. 당신이라면 매일 도와 달라고 부탁만 하는 사람과 친하게 지내고 싶은가?

많은 20대가 열심히 스펙을 쌓는다. 좋은 기업에 들어가기 위해서일 수도 있지만, 남들도 다 하는 것을 자신이 하지 않는 것이 불안해서 그렇게 행동하는 것이다.

스스로를 잠시 돌아보자. 자신이 원하는 분야에서 성공하고자 한다면 어떤 공부를 하고 싶은가?

20대는 꿈을 정하고 그 꿈을 이루기 위해 노력해야 하는 시기다. 남들이 다 하니까 멋있어 보여서 다른 사람이 걷는 길을 걷는 것은 위험하다.

일부 20대들은 대학 4년을 마지못해 다니면서 졸업할 즈음에야 "내 적성에 안 맞는다."라고 말한다. 등록금이 적지도 않은 상황에서 뒤늦게 자신이 잘못된 길을 걸었다는 사실을 인정한다면 인생의 첫 단추를 잘못 끼운 것이다.

중국의 전설적인 명의 편작이 제나라를 방문했을 때 일이다. 환후라는 왕이 편작을 손님으로 예우했는데, 편작이 왕을 보고 피부에 병이 있으니 치료하지 않으면 깊어질 것이라고 했다. 환후는 자신은 질병이 없다며 편작이 이익이나 탐한다고 비난했다.

닷새 뒤 편작은 다시 환후를 찾아가 "왕께서는 혈맥에 병이 있습니다. 지금 치료하지 않으면 훨씬 깊어질 것입니다."라고 말했으나 환후는 치료하려 하지 않았다. 닷새 뒤에 다시 찾아가 심각한 어조로 장과 위 사이에 병이 있으니 치료하지 않으면 깊은 곳까지 들어간다고 말했다. 그러나 환후는 편작을 그냥 돌려보냈다. 다시 닷새 뒤 편작이 다시 찾아가 환후를 보고는 이번에는 아무 말 없이 나왔다. 이상한 생각이 든 왕이 사람을 보내 그 이유를 묻자, 편작은 이렇게 말했다.

"병이 피부에 있을 때는 탕약과 고약으로 고칠 수 있고, 혈맥에 병이 있을 때는 쇠침과 돌침으로 치료할 수 있으며, 장과 위에 있을 때는 약주로 고칠 수 있습니다. 하지만 병이 골수에 들어가면 아무리 해도 고칠 수가 없습니다. 지금 병이 골수에 들어갔기 때문에 저는 더는 드릴 말씀이 없었던 것입니다."

환후는 뒤늦게 편작을 찾아갔으나, 그는 이미 떠난 뒤였다. 결국 환후는 치료도 못해보고 죽었다.

이처럼 잘못된 일을 제때 고치지 않으면 치명적인 일이 되고 만다.

지금 적성이 안 맞는다고 생각한다면 과감히 자신이 원하는 분야로 돌아서야 한다.

1인 기업가로 유명한 공병호 박사는 자신의 책 〈습관은 배신하지 않는다〉에서 다음과 같이 충고한다.

대가가 되기를 소망한다면, 일가를 이루길 소망한다면, 훌륭한 인물이 되기를 소망한다면 도대체 무엇을 해야 하는가? 우선 재능이 있어야 할 것이고, 운도 따라줘야 할 것이고, 노력도 해야 할 것이다. 하지만 그보다 훨씬 중요한 것은 자신에게 꼭 맞는 '준 종교적 의식'을 만들고 이를 반복하는 것이다. 이따금 하기 싫어도 정해진 의식을 충실히 수행해 보라. 그럼으로써 우리는 자신을 천재에 버금갈 정도의 존재로 만들 수 있다.

요즘 내가 하는 준 종교적 의식은 새벽에 일어나 책을 쓰는 것이다. 낮 동안에는 책을 읽거나 원고를 쓰는 일이 쉽지 않다. 하지만 새벽은 다르다. 집안 식구들이 잠드는 시기에 조용히 책에만 집중한다. 나는 TV도 보지 않는다. 드라마나 토크쇼를 보는 것은 내게 맞지 않다. 나는 책을 쓰면서 정말 살아있구나 하는 생각을 한다.

윤정은 작가가 쓴 〈20대 자기발전 노트〉를 보면 20대를 잘 보내기 위해서 계획을 세우는 방법을 알려 준다.

계획을 세우기에 앞서 우선 자신을 철저히 알아야 한다. 자신의 강점과 약점을 정확히 알고 강점은 키우되 약점에 시간과 노력을 기울이면 안 된다. 성공한 사람들은 자신의 강점을 키우는 데 더 많은 시간을 들인 사람들이다.

유명한 경영 구루인 톰 피터스는 자신의 저서 〈리틀 빅 씽〉에서 이렇게 말했다.

"사람은 개개인이 하나의 상품과 같다. 그 상품이 어떻게 개발되느냐에 따라 상품성이 달라지고 가격이 달라진다."

자신이 싫든 좋든 자본주의 사회인 한국에서 자신이 어떤 상품이 되고 싶은지 정해야 한다. 그리고 높은 가격을 받기 위해 노력해야 한다. 이를 위해서는 소중한 시간을 들여 자신을 단련하고 철저하게 자신을 탐구해야 한다.

20대들의 진로를 정할 때 다른 사람들의 강요 혹은 조언을 거부할 수 있는 사람이 몇이나 될 것인가?

20대들의 진로 선택은 놀랍도록 단순하다. 대기업, 공기업,

공무원. 이 세 가지로 정해진다.

자신의 적성을 찾고 싶다면 자신이 어렸을 때 좋아 했던 일을 회상해 보면 좀 더 찾기 쉬울 것이다.

자신의 꿈을 정했다면 이제 실력을 쌓을 때다. 혼자 자신의 실력을 키우기 위해서 노력하는 당신은 아름답다. 자신의 꿈을 이루기 위해 홀로 씩씩하게 걸어가라. 다른 사람이 뭐라고 하든 자신의 가슴에서 울려 퍼지는 아름다운 꿈을 이루기 위해 홀로 최선을 다하라. 당신이 최고의 자리에 오른 순간 많은 사람들이 당신을 따를 것이다. 그렇게 되면 그동안 홀로 있었던 외로움을 보상 받을 수 있을 것이다.

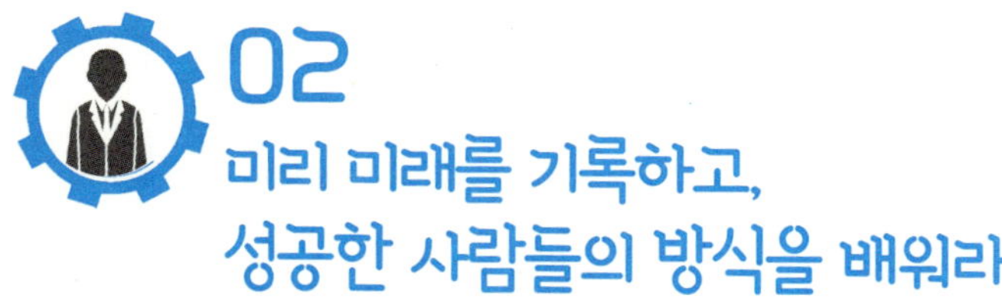

미리 미래를 기록하고,
성공한 사람들의 방식을 배워라

우리 속담에 '천리 길도 한 걸음부터'라는 말이 있다. 이 속담을 꿈에 적용하자면 '거대한 꿈도 기록 한 줄부터'라고 할 수 있다.

〈쓰고 상상하고 실행하라〉를 쓴 문준호 작가는 꿈이 가리키는 방향대로 먼 길을 가려면 출발점에서의 꿈의 크기도 중요하지만 그것을 이루기 위해 매일 필요한 행동을 실행하는 것이 중요하다고 말한다. 자신에게 주어진 시간을 어떻게 하면 꿈을 이루기 위한 노력으로 채워갈 것인가? 어떻게 하면 끊임없이 자기계발을 할 수 있을 것인가? 이것을 실행하기 위해 그는 기록할 것을 제안한다.

살면서 한 번쯤 일기를 썼을 것이다. 초등학교 시절 일기장을 검사받는 것에 불쾌감을 느껴 아직까지도 일기 쓰는 일을 꺼리는 사람도 있을지 모른다. 하지만 기록한다는 것은 생각보다 중요하다. 우리의 두뇌는 오랜 시간을 들여 곰곰이 생각하면 해답을 내놓게 된다. 하지만 그 스쳐가는 생각을 기록하지 못한다면 오래지 않아 기억에서 사라지게 된다.

나 또한 두 번째 책을 쓰기 시작하면서 기록하는 습관을 되돌아보게 되었다.

각 장의 소제목 제목을 곰곰이 생각하다 보면 좋은 생각을 하게 된다. 중요한 것은 이 때 기록하지 않으면 머지않아 휘발되어 버린다. 그래서 나는 종이와 펜이 없으면 불안한 증세(?)를 보이게 되었고, 좋은 생각이 났는데 종이와 펜이 없다면 휴대전화에라도 저장하는 습관을 들였다.

문준호 작가는 무슨 일을 하건 5년 정도 중장기적인 꿈과 목표를 계획한다면 분명 남다른 성장 결과를 맛볼 수 있을 거라고 조언한다.

여기서 잠깐 생각해 보자. 왜 꿈을 가져야 하는 것일까?

사회적으로 성공했다는 평가를 받는 사람들이 태어나서 자라고 성공을 거두기까지 온실에서 보호받는 화초처럼 곱게 자라지는 않는다. 평온하던 일상 속에서 시간을 보내다가 어느 날 갑자기 시련이 다가온다. 이전까지 누렸던 편안한 삶은 사라지고 없다. 성공한 사람들은 어느 순간 가혹한 현실 속에서 선택을 강요받는다. 이대로 주저앉아 좋았던 옛날을 그리워만 할 것인가, 아니면 죽을 각오로 다시 일어설 각오를 할 것인가.

성공한 사람들은 후자를 택하고 자신을 둘러싼 시련과 싸울 준비를 한다. 어려움도 겪지만 그들은 이전보다 훨씬 강해지고 마침내 성공을 손에 넣는다. 사람들은 그들의 모습에 열광하게 된다. 성공한 사람은 성공하기 이전부터 자신이 성공한 모습을 생생하게 그릴 수 있었다고 말한다. 그렇게 생생하게 상상하는 데 도움이 되는 것은 기록이다.

세계적인 경영학자 피터 드러커는 그의 저서 〈프로페셔널의 자기 경영 노트〉에서 독자들에게 다음과 같이 묻는다.

"당신은 지금 꿈을 이루기 위해 무엇을 기록하고 어떤 콘텐츠에 몰입해 있는가?

매일 만나는 사람과 머무는 공간이 당신의 꿈을 이루기에 적합한 것인가?"

〈쓰고 상상하고 실행하라〉를 쓴 문준호 작가는 꿈을 이루기 위해 어떻게 해야 한다고 말할까?

그는 독자들에게 꿈의 시각화 법칙을 설명한다. 입체적이고 생생하게 느끼는 꿈, 이미지로 소장하고 날마다 들여다보는 꿈은 반드시 이루어진다는 법칙이 그것이다.

당신이 이미 자기계발서를 읽었다면 꿈의 시각화 법칙이 식상하게 느껴질 수도 있다. 같은 내용을 또 우려먹는다고 야유를 보낼 수도 있다. 문준호 작가는 그런 당신에게 세상에는 두 부류의 사람들이 있다고 말한다. 모두가 알고 있는 것을 실천해내는 사람과 해내지 못하는 사람으로 나눌 수 있다고.

당신은 어떤 꿈을 꾸고 있는가? 현실이 너무 팍팍해서 이룰 수 있는 꿈이 아무것도 할 수 없다고 생각하는가? 그럴 때일수록 더욱 더 강렬히 꿈을 꾸어야 한다.

문준호 작가는 생생히 꿈꾸고 매일 실천기록을 남기면 반드시 이루어진다고 말한다.

당신이 꿈을 이루고 싶다면 우선 차근차근히 기록해 나가라. 당신이 진정으로 이루기 원하는 꿈, 그 꿈을 어떻게 이루고 싶은가? 그 꿈을 이루는 데 필요한 자원은 무엇인가? 누가 당신을 도울 수 있는가?

당신 주변에 있는 사람들은 어떤 사람들인가? 사회적으로 성공한 사람들인가? 아니면 매일 현실에 불만을 가진 채 불평불만만을 말하는 사람들인가?

브라이언 트레이시는 〈한 가지로 승부하라〉는 책에서 다음과 같이 말했다.

"체격, 나이, 인종, 성별, 학력은 상관없다. 성공한 사람들과 같은 행동을 하면 누군가는 그들처럼 성공할 수 있다. 만약 당신이 성공한 사람의 사고방식을 습득한다면 그들과 같은 성공을 맛볼 수 있을 것이다."

당신이 성공을 원한다면 당신 주변에 있는 사람들을 성공한 사람들로 채워라. 어떤 일본 작가는 주변 사람 10명의 평균 연봉이 그 사람의 연봉이라는 말을 하기도 했다. 성공하고 싶다면 성공한 사람들을 배워야 한다.

〈퍼스트클래스 승객은 펜을 빌리지 않는다〉를 쓴 미즈키 아키코는 성공한 사람들에게서 배울 점을 찾아 내 것으로 만들어간다면 어느 새 자신의 역량이 한층 성장한 것을 느낄 수 있을 것이라고 말한다.

그녀는 성공은 혼자 이룰 수 없다고 말한다. 늘 자신보다 뛰어난 사람과 교류해야 하며 그들에 걸맞은 지적 수준을 갖춰야 한다고 조언한다. 중요한 자리에 가기 위해 좋은 옷을 차려 입듯이 좋은 지식과 안목을 갖춰야 한다고 이야기한다. 그렇다면 어떻게 그것들을 갖출 수 있을까? 바로 책과 신문을 가까이 하는 습관에서 얻을 수 있다고 말한다.

미즈키 아키코는 성공한 사람들은 다른 사람을 자기편으로 만드는 전문가라고 이야기한다. 진심으로 자신을 후원해주는 사람을 많이 두었다는 것은 유명한 경영자들에게 공통되는 성공 요인 중 하나라고 말한다. 사람을 내 편으로 끌어들이는 마법의 말은 의외로 간단하다. 바로 "고마워요."라고 말하는 것이다.

당신이 커다란 성공을 거두고 싶다면, 불리한 환경에서도 아직 성공할 수 있다는 사실을 증명하고 싶다면 현재 처한 팍팍한 현실에서도 밝은 미래를 꿈꾸며 기록할 수 있어야 한다. 또한 당신을 도울 사람들을 많이 만나 그들의 말과 행동을 배우고 성공한 사람들의 습관을 배워야 한다. 아무리 힘든 상황이라도 통제할 수 있는 단 한 가지는 바로 자신이 처한 상황을 어떻게 극복할 것인지 그 상황을 받아들이는 태도에 있다. 가혹한 현실이 당신을 질식시킬 것 같아도 극복할 수 있다고 생각하라. 당신을 둘러싼 나쁜 환경이 당신의 꿈을 파괴할 수 없도록 꾸준히 희망을 기록하라.

03 어학연수 왜 준비하는가?

대학을 졸업했다면, 아니 그 이전부터 20대들은 열심히 공부한다. 목표는 좋은 일자리를 얻어 안정된 삶을 누리기 위해서다.

20대들이 선망하는 직장은 대기업, 공기업, 국가 기관 등일 것이다.

문제는 20대들이 선망하는 직장에 들어가기 위해서는 가혹할 정도로 치열한 경쟁을 치러야 한다는 것이다. 대기업에 들어가면 성공했고, 중소기업에 들어가면 실패한 것일까?

1990년대 후반 외환위기가 닥치면서 많은 사람들이 직장과 재산을 잃었다. 그 위기를 어느 정도 극복했다고 하지만 경기가 완전히 회복되었다고 말하는 사람은 없다.

2008년 리먼 사태로 경제 한파가 다시 한 번 불어닥친 이후에 20대들은 안정된 직장이 최고라고 여기는 것 같다.

이런 상황에서 꿈을 좇는 것은 너무나 어리석어 보일지도 모른다.

안정된 직장에서 일하다 노후에 연금을 받으며 안락하게 살아가는 것이 인생의 최대 목표라고 말하는 20대들이 많다. 공무원 시험 경쟁률이 나날이 높아지는 것이 그 증거다.

성공하기 위해서는 도전해야 한다는 말을 들었을 것이다. 하지만 아무 것도 준비하지 않고 도전하는 것은 실패로 통하는 지름길이다. 준비 없는 도전은 실패로 끝나고 이는 곧 자신을 믿지 못하게 되는 원인이 된다.

자신이 성장하기 위해서는 도전해야 한다.

중국 황하 문명은 세계 4대 문명에 속한다. 하지만 황하는 매년 범람하여 많은 사람들의 목숨을 앗아가는 위험한 강이었다. 이런 지역에서 어떻게 세계 문명이 발달할 수 있었을까?

그것은 황하 근처에 사는 사람들이 목표를 가지고 도전했기 때문이다. 예전에는 정치를 잘하는 조건이 바로 황하를 다스리는 것이었다고 한다. 황하 문명의 사람들은 바로 자신들을 위태롭게 하는 황하를 두려워하기보다 도전하기로 마음먹었고 그 결과 4대 문명 중 하나가 황하에서 발달하게 되었다.

인생을 변하도록 하고 싶다면 작은 것부터 시작하는 것이 좋다.

새로운 일을 시작하고 싶다며 직장을 그만두는 것이 과연 현명한 일일까?

요즘 같이 경기가 어려운 때 직장을 그만 두는 것은 그다지 좋은 일이 아니라고 생각한다.

직장에서 월급을 받고 있다면 한 가지씩 조금씩 변화를 가하는 것이 어떨까?

대학 시절 영어 공부를 못한 것이 한이 된다며 느닷없이 직장을 그만 두고 외국으로 어학연수를 가는 것은 정말 말리고 싶다.

내가 두 달 동안 호주에서 살면서 느낀 것은 내 영어 실력이 정말 형편없다는 것이었다.

호주에 온지 한 달이 되었을 무렵 현지인들의 말은 어느 정도 알아들었지만 그들은 내가 하는 영어를 알아듣지 못하고 되묻곤 했다. 내 형편없는 발음이 문제였다.

두 달 동안 호주 생활을 한 내게 영어를 쓰는 환경에 24시간 노출되면 영어 실력이 늘어나냐고 묻는다면 나는 영어실력이 조금이라도 느는 것은 사실이라고 대답하겠다. 한국어가 통하지 않는 환경에서 살아남기 위해 영어는 필수이기 때문이다. 무엇보다 살아남아야겠다는 의지가 강해지면서 자신이 알고 있는 영어를 총동원하여 의사소통을 하려는 의지가 생긴다. 또한 자신의 영어 실력을 알게 된다. 현지인들과 영어로 이야기하면서 자신의 영어에 어떤 문제가 있는지 알게 된다.

호주에서 두 달간 살면서 느낀 점을 몇 가지 정리하겠다.

1. 영어가 모국어인 환경에서 24시간 살게 되면 살아남아야
   한다는 의지가 생긴다. 이 의지가 영어를 열심히 공부하게
   한다. (물론 100% 그런 것은 아니다. 호주에 어학연수에 갔다가 늘
   어나는 건 영어 실력이 아니라 같은 어학원에 다니는 일본인, 홍콩
   인 친구뿐이라는 말을 들어 보았을 것이다.)

2. 겁이 나더라도 현지인과 영어로 이야기해 보자. 자신의 영
   어가 어떤 문제점이 있는지 알게 된다. 내 경우 현지인의
   영어는 알아들었는데 현지인은 내 영어를 못 알아듣는 문
   제가 있었다. 발음이 정확하지 않아서였다. 그래서인지 나
   는 발음은 중요하지 않다는 말에 찬성하지 않는다.

3. 외국에서 살다보면 어쩔 수 없이 겪는 문제가 향수병이다.
   이 향수병을 극복하느냐 못 하느냐로 영어 실력이 향상될
   수 있는지 아닌지가 갈린다. 향수병을 극복한다는 핑계로
   한국인 친구와 어울리면서 영어는 뒷전이라면 100% 돈 낭
   비이다.

4. 호주에서 어학연수를 한다면 한국어를 가르치는 대학을 알
   아보라. 내가 두 달간 머물렀던 브리즈번에서 한국어를 가
   르치는 대학이 있다는 것을 돌아와서야 알았다. 한국어를

공부하는 현지인들과 한국어를 가르쳐 주며 영어로 대화를
한다면 영어 실력이 향상될 것이다.

5. 독학할 수 있는 자료를 찾아라. 호주에 있을 당시 소설 원
   서와 내가 좋아하는 미국 드라마인 CSI를 보면서 공부했다.

외국에 나가서 향수병과 싸우는 20대인 당신이 어학연수에서
원하는 목적을 달성하기를 기원한다.

당신은 왜 영어를 공부하려고 하는가?

실제로 근무하면서 영어를 쓸 일이 별로 없음에도 원하는 회
사에 들어가기 위해서 공부하는경우도 있을 것이다. 억지로 외
국어를 공부하는 것은 성과를 올리기 쉽지 않을 수도 있다.

영어를 잘하기 원한다면 자신이 진정으로 원하는 목적을 하나
세워보면 어떨까?

〈종이 위의 기적, 쓰면 이루어진다〉를 쓴 헨리에트 앤 클라우
저는 목표를 달성하기 위해 기록하는 것도 중요하지만 거기서
한 발 더 나아가 목표 달성이 자신에게 중요한 이유, 애당초 그
목표를 원했던 이유를 생각해 보라고 권한다. 목표를 기록하는
것에 그치지 않고 목표 달성이 자신과 다른 사람의 삶을 어떻게
풍요롭게 할 수 있을지 기록하는 것이다. 자신이 처음 정했던 수
준과 그 이상의 수준에 도달할 때까지, 더 나아가서 가장 근본적

인 수준에 도달할 때까지 목표를 계속해서 묘사하라고 권한다.

자신이 생각한 이유가 여러 개이고 그 목표를 달성하면서 얻게 될 영향력이 커질수록 당신은 그 목표를 달성하기 위해 더욱더 노력할 것이다.

목표를 설정하고 하나씩 이뤄나간다면 스스로 자신감과 성취감을 얻을 수 있다. 앞서 성공한 사람들을 배운다면 그들의 좋은 점을 받아들여 더 세심하게 자신의 꿈을 키워나갈 수 있다. 성공한 사람들이 자신의 꿈을 믿고 이뤄나갔듯이 당신도 할 수 있다. 예전의 나에서 벗어나 새로운 나로 변화하기 위해 지금부터 자신이 바라는 꿈을 이루기 위한 목표를 세우고 거기에 집중하자. 돋보기로 종이를 태우기 위해서는 햇빛을 한 점에 모아야 한다. 마찬가지로 성공을 거두기 위해서는 꿈 하나에 집중해야 한다. 당신이 집중해야 할 목표 하나는 무엇인가?

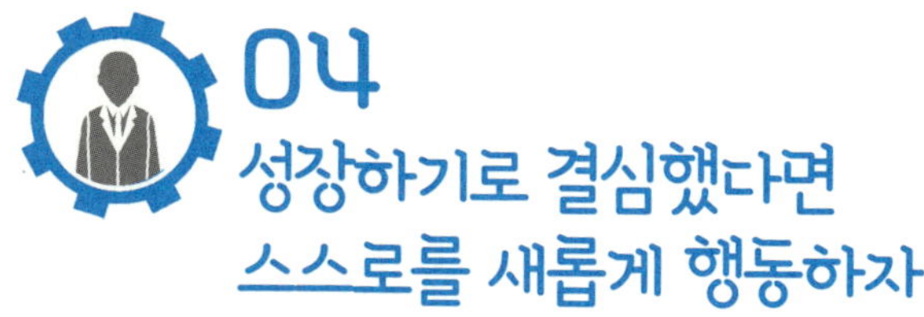

04 성장하기로 결심했다면 스스로를 새롭게 행동하자

자신을 브랜딩할 결심이 섰다면 한 가지 해야 할 일이 있다. 자신이 어떤 브랜드가 될 것인지 기준을 정하고 그 기준에 못 미친다면 절대로 타협하지 말아야 한다는 것이다.

일본산 자동차는 뛰어난 기술력과 좋은 품질로 유명하다.

사람들에게 인정받는 자동차가 되기 위해서는 타협을 거부하는 치열한 노력이 있었다.

이들은 미국 자동차 제조업체들처럼 자동차 조립을 하다가 크기가 맞지 않는 부품이 생기면 여분의 부품을 올려 두는 방식을 거부했다. 대신 부품이 정확하게 들어맞지 않으면 새로운 부품이 도착할 때까지 조립 라인 전체를 멈추었다.

손해가 있더라도 품질이 좋다는 브랜드로 인정받기 위해 적당히 타협하지 않은 것이다.

편의점 브랜드인 세븐일레븐에서 아카메시 주먹밥(팥물을 들인 주먹밥)을 개발할 때 개발팀은 아카메시 전문점과 지방에 있는 평판 좋은 가게에서 아카메시를 가져와 시식하고 맛과 특징을 연구하여 시제품을 만들었다.

세븐일레븐을 이끄는 경영자인 스즈키 도시후미는 자신이 원하는 대로 맛이 나지 않자 직원들에게 이유를 물었다. 직원들이 세븐일레븐 전용 도시락 공장에는 찜통으로 찔 수 있는 설비가 없다고 하자 그는 제조 방법을 바꾸도록 해서 자신이 원하는 맛의 아카메시를 만들어 냈다. 이 제품은 소비자들에게 큰 인기를 끌었다.

스즈키 도시후미는 할 수 없는 이유를 꼽기 전에 스스로에게 그것이 정말 할 수 없는 이유인지 생각해 보라고 충고한다. 열심히 한다와 옳은 것을 한다는 것은 의미가 전혀 다르다고 말한다.

해결하기 어려운 문제가 발생한다면 어떻게 행동하는 것이 좋을까?

그러한 문제가 발생하면 많은 사람들이 '적당한' 선에서 타협하거나 문제의 근본 원인이 무엇인지 알면서도 상대와 분쟁이 생길까 걱정해서 '대충' 지나쳐 버리는 경우가 있다. 하지만 적당히, 대충하는 순간부터 앞으로 나아갈 수 없다.

타협을 하는 일이 가장 쉽고 편한 길로 보일 수 있다.

하지만 반복하는 사이에 어느 새 문제가 쌓여서 어떻게 손을 쓸 수 없을 정도로 커져 버린다. 이렇게 되면 사람들은 그 브랜드를 신뢰하지 않는다.

도요타 자동차가 품질을 우선하는 태도를 버리고, 적당히 타협하는 순간 위기를 맞았다. 자동차에 문제가 있다는 사실을 알면서도 바로 적절한 조치를 취하지 않아서 인명사고가 발생했고 큰 비난을 받게 되었다. 거기에 막대한 배상금을 요구하는 소송에 휘말리게 되었다.

자신을 브랜드로 만들어야 한다면 절대 타협하지 말자.

반복해서 타협을 하게 된다면 문제가 점점 쌓여가고 실패한 브랜드가 되고 말 것이다.

최고가 되고 싶다면서 행동하지 않는 사람이 있다.

사람들은 변화를 두려워한다. 안정을 추구하는 이유는 이전까지 해 왔던 익숙한 작업이 편안하기 때문이다.

변화해야 한다는 말은 그동안 해왔던 생활방식에서 벗어나 새로운 행동을 해야 한다는 의미이다. 아침잠이 많은 사람이 일찍 일어나기 위해서는 밤늦게까지 해오던 게임을 중단해야 하고, 밤마다 하는 친구들과의 통화를 자제해야 한다. 그동안 해오던 재미있던 습관을 바꾸는 것이 과연 쉬울까?

회사에서 몇 년 뒤에 그만두어야 한다는 사실이 두려워서 회사에 취직하지 않는 사람은 없다. 최고의 브랜드로 스스로를 성장시키기 위해 좋은 습관을 만들어야 한다는 것을 부인하는 사람은 없을 것이다. 스스로를 브랜드로 만든다는 것은 자신이 걸어갈 길을 스스로 만들어야 한다는 의미이다. 좋은 브랜드는 다른 브랜드를 흉내내는 것이 아니라 창조하는 것이기 때문이다.

좋은 브랜드를 만들기 위해서 남과 다른 행동을 할 자신이 있는가?

같은 직장 동료들과 술자리를 가졌던 습관을 버리고 자신이 성공하기 바라는 분야에서 성공을 거두기 위해 일찍 퇴근하고 집에서 책을 읽는다면 어떻게 될까?

직장 동료들은 당신이 변했다는 말을 하고 어쩌면 왕따시킬지도 모른다. 사람들은 잘못된 것을 알면서도 편하다는 이유로 잘못된 습관을 반복하기도 한다.

그들 중에 한 명이 그동안 한 행동이 스스로가 발전하는 데 전혀 도움이 되지 않는다는 것을 깨닫고 행동을 바꾸려 한다면 사람들은 그를 배척하고 말 것이다.

혼자 행동하는 것은 두려운 일이다.

사람은 익숙한 사람들과 무리지여 있을 때 편안함을 느끼기 때문이다.

〈망설이는 당신에게〉를 쓴 일본 작가 센다 타쿠야는 스스로가 원하는 성공을 거두기 위해서는 가장 먼저 앞으로 10년 동안 현재의 인간관계를 전부 끊을 결심부터 하자고 권한다. 그는 10년은 성공을 위해 집중적으로 투자해야 할 최단 기간이라고 말한다. 조금 힘들다고 예전 동료를 만나 징징거리며 위로받는 것은 사치일 뿐이라고 강조한다.

지금 곁에 있는 사람들을 생각해보자. 초등학교 때, 중학교 때, 고등학교 때, 대학 때 사귀었던 친구 중 몇 명이나 곁에 남아 있는가?

혼자서 스스로 성공한 브랜드로 자신을 발전시키기 원한다면 고독도 감수해야 한다.

능력 있는 사람에게는 저절로 사람이 모인다. 능력을 키우기 위해 스스로가 높은 목표를 세우고 그것을 실현하기 위해 최선을 다해야 한다.

최선을 다한다는 말의 의미는 그것을 이루기 위해 죽을힘을 다해야 한다는 의미이다.

〈태백산맥〉, 〈한강〉, 〈정글만리〉 등을 쓴 조정래 작가는 자신이 기울인 노력에 스스로 감동할 정도가 되어야 최선을 다했다고 할 수 있다고 말한다.

이제 한국인들은 한국 안에서만 경쟁하지 않는다. 머지않은 시기에 한국인들은 외국인들과도 경쟁해야 할 것이다. 기업들은 원가 절감을 위해 개발도상국에 있는 유능한 인재들을 들여오려 할 것이다.

나는 세계화를 비판하는 책을 읽다가 놀라운 사실을 알게 되었다. 아프리카에 있는 여러 나라들이 에이즈로 고통을 받고 있는데 부유한 국가들이 아프리카의 에이즈를 치료할 의료 인력을 빼가고 있다고 비판하는 내용이었다.

아프리카 여러 나라의 의사와 간호사들이 부유한 국가들로 유출되면서 에이즈를 관리하기가 더욱 힘들어졌다고 한다.

우리나라 또한 개발도상국에 있는 인재들을 빼올 수 있다.

한국에서만 경쟁하는 것이 아니라 세계에 있는 사람들과도 경쟁해야 할 시기가 멀지 않았다.

리콴유 전 싱가포르 총리는 "한국이 지금 하는 일을 20년 후면 중국이 모두 대체하게 될 것이다."고 말했다. 이어서 "한국은 완전히 새로운 것을 만들어 도약해야 한다."고 강조했다.

스스로를 창조적인 브랜드로 만들기 위해서는 어떻게 해야 할까?

시골의사라는 필명을 쓰는 박경철 작가는 우리가 익숙한 것을 만났을 때 굳이 생각하지 않는다고 말한다. 새로운 환경, 낯선 것들과 만났을 때 우리 머릿속에서 '새로운 생각'들이 일어난다고 충고한다. 그러므로 스스로 발전하기 위해서는 의식적으로 새로운 환경에 도전해 새로운 생각을 이끌어내고, 그로써 새로운 습관을 만드는 것이 중요하다고 말한다.

또한 스스로가 창의력이 없다고 생각한다면 사람을 만나되 스스로와 다른 사람을 만나고 땅을 밟되 처음 밟는 땅을 밟고, 책을 읽되 생소한 분야를 읽어야 한다고 충고한다.

창의력을 키우기 위해서는 스스로에게 투자해야 한다. 회사에 다니면서 월급날과 주말을 기다리는 것이 낙이라면 그 사람은

곧 다른 사람에게 밀려나고 말 것이다

자신을 유일한 브랜드로 만들고 싶다면 자신이 가장 성과를 낼 수 있는 분야에서 성공을 거두어야 한다. 센다 타쿠야는 〈망설이는 당신에게〉라는 책에서 실제로 큰 성과를 내는 프로는 자기 돈을 내면서라도 하고 싶은 일을 계속한다고 말한다. 좀 더 정확하게 말하자면 프로가 될 때까지 엄청난 돈을 자신에게 계속 투자해온 것이라고 한다. 그러다 어느 순간 돈을 내는 입장에서 받는 입장으로 상황이 역전된 것뿐이라고 설명한다. 그는 지금까지 가장 많은 돈을 쓴 곳에 당신의 재능이 숨어 있다고 이야기한다.

가장 많은 돈을 쓴 분야가 바로 당신이 좋아하고 잘하는 분야이다.

그 분야에서 당신이 일할 수 있는 방법은 어떤 것이 있는지 생각해 보았는가?

어떤 일을 좋아하긴 하지만 그 일을 직업으로 삼고 살아갈 자신이 없다고 생각하는가?

사람은 자신이 좋아하는 분야에서 열정을 기울일 수 있다. 한 달에 한 번 있는 월급날을 기다리는 것이 인생의 유일한 낙이라면 그 사람이 하고 있는 일에서 성과를 거둘 수 있을까?

무작정 직장을 그만두라는 이야기는 아니다. 자신이 좋아하는 분야도 아니면서 억지로 일하다보면 능률이 오르지 않는다는 이야기이다. 스스로가 하는 일을 다른 사람도 할 수 있다면, 아니 오히려 그 사람이 더 잘한다면 직장에서 밀려나는 것은 시간문제일 것이다.

사람마다 잘할 수 있는 분야가 있다. 사람들과 어울리는 일이 힘든 사람이 서비스업에서 성과를 거두긴 힘들 것이다.

자신이 적성에 맞는 일에 몸을 던져보자. 100세 시대라는 이 시절에 당신이 평생 동안 함께 하고 싶은 일은 무엇인가? 어떤 일이든 당신의 마음속에서 살아 움직이는 꿈의 신호를 절대로 놓치지 말자. 일을 하면서 얻는 대가가 월급밖에 없다면 당신은 아주 형편없는 대가를 치르고 있다는 말이 있다. 당신이 진정으로 즐기면서 할 수 있는 일은 무엇인가?

아직 없다면 스스로에게 그 일을 찾을 수 있도록 계속해서 시도해 보자.

세상은 놀랍도록 빠르게 변화하고 있고 다른 사람들은 앞서 달리는 반면 자신은 뒤떨어져 있다고 느낀다면 그 때가 자신이 진정으로 원하는 일을 시작할 때이다.

내면에서 일어나는 진정한 변화는 새롭게 변화하라는 경고이다. 당신은 이 경고를 어떻게 받아들일 것인가? 더 나은 삶을 살기 위해 지금 당장 시작해야 할 일은 무엇인지 생각해보자.

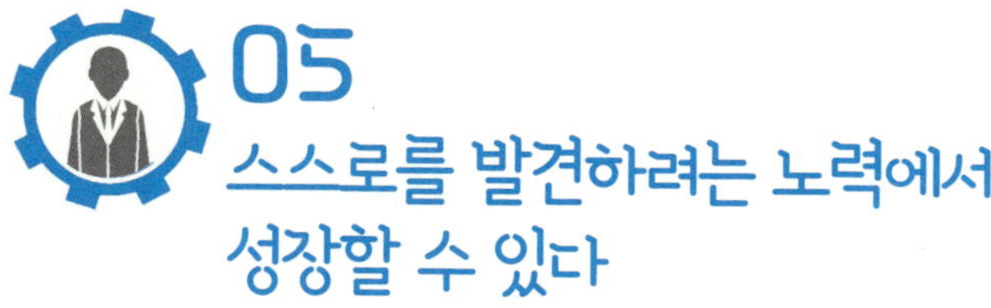

스스로를 발견하려는 노력에서 성장할 수 있다

당신은 어떤 꿈을 꾸고 있는가? 그 꿈을 이루기 위해서 지금 어떤 일을 하고 있는가?

〈똑똑한 20대 생각부터 다르다〉를 쓴 혼다 아리아케는 자신의 꿈과 소망에 확실하게 우선순위를 매기라고 권한다. 자신의 꿈을 방해하는 요소를 열거해보고 어느 것을 선택하고 어느 것을 버릴지 스스로 판단하라고 조언한다.

나폴레온 힐은 다음과 같이 말했다.

'성공할 때까지 계속 도전하라. 그러면 실패자가 되지 않는다.'

그런데 나는 나폴레온 힐의 말에 한 가지 말을 추가하고 싶다.

바로 성공하기 위해서는 자신의 강점을 찾고 그 분야에서 시작해야 한다는 말이다.

미국의 작가 데이비드 맥켈로프(David McCullough)는 '진정한 성공은 자신이 좋아하는 일에서 평생을 찾는 것이다.'라고 말했다.

당신은 어떤 점에서 강한가?

자신의 마음은 어떠한지 잠시 생각해보자.

미래를 생각하면 가슴이 뛰는가? 오늘도 꿈에 한 걸음 다가갔다고 설레는 마음인가?

〈가슴 뛰는 성공 너만의 강점으로 승부하라〉를 쓴 김병완 작가는 우리가 두려워해야 하는 것은 결코 살아보지 못한 채 살아가고 있다고 자신을 기만하는 일이라고 말한다.

진정한 삶이란 뼛속까지 느끼며 살아가는 것이며 그런 삶에는 게으름과 포기, 주저함, 불평이 있을 리 없다고 이야기한다.

진정한 삶에는 열정과 환희, 희망, 도전과 모험이 있다.

자신이 진정으로 바라는 모습은 무엇인가?

많은 사람들이 정해진 대로 살아간다. 적당히 대학에 가서 학점을 비롯한 스펙을 쌓는데 자신의 모든 힘을 쏟는다. 이런 상황에서 자신의 진정한 꿈이 무엇인지 생각하기란 어렵다. 우선 취직을 해야 하고 빚을 갚아야 한다.

나는 비싼 학비 때문에 알바를 해야 하고 대출을 받아야 하는 상황을 모르지 않는다.

하지만 다른 사람이 다 걷는 길을 가는 것에는 반대한다. 60억이 넘는 세계 인구 중에 당신은 단 하나의 존재이다. 당신만의 특별함은 무엇인가?

지금 대학을 다니면서 느끼는 감정이 회의(懷疑)와 후회뿐이라면 1년 동안 생각할 시간을 가져야 한다. 많은 사람들이 대학을 졸업할 때가 되어도 취직을 하지 못해 졸업을 유예하는 것을 생각하면 1년간 자신을 철저히 탐구하는 시간을 갖는 것이 무작정 졸업하는 것보다 훨씬 나은 대안이 될 수 있다.

그 1년 동안 이것저것 최선을 다해 자신을 찾으려 애써보자.

알바를 하는 것도 좋고 자신을 더 알기 위해 책으로 빠져 들어갈 수도 있다.

최대한 자유롭게 시간을 보내면서 자신이 무엇을 원하는지 자신의 강점은 무엇인지 최선을 다해 찾아나가라.

스티브 잡스는 현재의 순간들이 미래에 어떤 식으로든지 연결된다는 것을 알아야 한다고 말한다.

1년 동안 실패만 거듭한 뒤에 자신이 바라는 길을 찾았다면 해볼 만한 시도가 아닐까? 실패를 두려워하는 당신에게 배우이자 영화감독, 시나리오 작가인 우디 앨런(Woody Allan)은 말한다.

'한 번도 실패하지 않았다는 것은 새로운 일을 전혀 시도하지 않았다는 신호다.'

강점이란 무엇일까?

〈나를 가슴 뛰게 하는 에너지 강점〉을 쓴 마커스 버킹엄은 강점을 다음과 같이 설명한다.

1. 우리로 하여금 기대감에 부풀게 하고 몰입하게 하며 마침

내는 성취감을 안겨준다.

2. 강점에 시간을 투자할 때 더 많이 발전하고 깊이 배울 수 있게 하며 성과를 기대할 수 있다.

3. 어떤 일을 하기 전에 그 일을 하고 싶은 의욕이 실제로 샘솟는가?

4. 어떤 일을 하는 동안 완전히 몰입해 시간은 쏜살같이 지나간 기분이 드는가?

5. 어떤 일을 끝낸 후에 성취감을 느끼는가?

6. 무엇을 하는 동안 쉽게 집중할 수 있는가?

반면 약점은 우리가 그 일을 할 때마다 온몸에서 기운이 빠져나가는 듯한 기분이 들게 한다.

안타깝게도 학교 교육은 우리가 장점을 키우는 데 별로 도움이 되지 않는다. 오히려 모든 분야에서 고르게 높은 점수를 받은 학생을 모범생, 우등생으로 평가한다.

대학을 졸업하지 못했다고 해서 반드시 실패자가 되는 것은 아니다.

하버드 대학을 중퇴한 빌 게이츠, 리드 대학을 중퇴한 스티브 잡스를 생각해보라.

혹자는 천재들과 평범한 사람을 비교하는 것은 말도 안 되는 일이라고 주장할지 모르지만, 그들도 자신이 잘할 수 있는 강점 분야에서 시작했기 때문에 성공할 수 있었다고 나는 생각한다.

강점을 찾기 위해서는 우선 자기 자신을 사랑해야 한다. 과거에 저지른 실수, 혹은 소심한 성격 때문에 자신은 아무 것도 할 수 없는 바보라고 생각하는 것이야말로 최고로 어리석은 생각이다.

〈칭찬일기〉를 쓴 데즈카 치사코는 자신의 좋은 점을 찾아내는 습관이 있는 사람은 남의 장점도 잘 발견하고 칭찬할 수 있게 된다고 말한다. 그래서 자기 자신은 물론이고 주변 사람들도 상냥하게 대할 수 있다고 조언한다.

지금 아무 것도 못한다고 생각한다면 우선 자신을 먼저 칭찬해 보자.

데즈카 치사코는 '칭찬언어'를 들으면 '식욕'이나 '성욕'을 만족시켰을 때와 마찬가지로 기쁨을 느끼는 뇌영역이 자극된다고 말한다. 뇌가 '칭찬언어'를 자극으로 받아들이면서 호르몬(세로토닌, 도파민) 분비가 증가하고 기분이 안정되는 한편, 활기가 샘솟기 때문에 부정적인 생각이 사라지게 된다고 조언한다.

한 개인은 다른 사람과 다르다. 우리 모두는 개성을 타고났고 각자가 잘할 수 있는 분야가 다르다. 그렇다면 어떻게 강점을 찾을 수 있을까?

〈가슴 뛰는 성공 너만의 강점으로 승부하라〉를 쓴 김병완 작가는 자신의 본능이 어디에 더 많이 집중하는지 자세히 관찰해야 한다고 말한다. 다시 말해 자신의 무의식이 어디로 향하는지, 무엇을 갈망하는지 느끼고 깨달아야 한다고 조언한다. 그렇게 하려면 의식과 사고와 통찰력이 깨어나야 하고 수준이 높아져야 한다고 충고한다. 아는 만큼 보이고 아는 만큼 자신을 발견할 수 있다는 이유에서다.

그는 자신의 강점 분야를 선택한 사람은 조금만 노력해도 평균 이상으로 잘할 수 있게 되고 남들처럼 노력하면 최고 수준으로 쉽게 도약할 수 있다고 말한다. 이런 사람이 자기 분야에서 평생 한길만 간다면 대가가 될 수 있다고 조언한다.

자신의 강점을 찾았다면 흔들림 없이 그 길을 걸어가야 한다.

〈똑똑한 20대 생각부터 다르다〉를 쓴 혼다 아리아케는 목표를 향해 올바르게 나아가고 있는지 확인하려면 다음 질문에 답하라고 권한다

스무 살에는 무엇을 꿈꾸었는가

나는 왜 이 회사에 들어왔는가

3년 전에는 어떤 일에 빠져 있었는가

자신의 꿈에 한 걸음 다가갔는가

지금은 무엇이 목표인가

자신의 어떤 점이 훌륭한가

이 질문에 답을 하였다면 다음 질문에도 답해보자

지금부터 어떤 일을 하고 싶은가
이상적인 자신의 모습은 어떤 것인가
3년 후에 꼭 실현하고 싶은 꿈은 무엇인가
지금부터 1년 동안 어떤 목표에 매진할 것인가

방황하는 당신은 반드시 자신의 강점을 찾아야 한다. 그래야 자신이 원하는 분야에서 행복감을 느낄 수 있다. 어느 시인은 행복해지는 것은 우리의 의무라고 말했다. 당신은 어떤 분야에서 행복감을 느낄 수 있는가?

04

남다른 인생을 시작하고 싶지만 두려워하는 당신에게

꿈이 있다면 행동해야 하고 시간과 돈을 투자해야 한다. 가장 중요한 일은 꿈을 이루기 위해 지금 해야 할 것을 정해 그 일을 해야 한다는 것이다. 그 일을 '그냥', '마지못해' 하는 것이 아니라 '열정을 다해', '최선을 다해' 해야 한다.

01
지금 불안하다면 현재에 몰두하라

꿈이 있다면 행동해야 하고 시간과 돈을 투자해야 한다.

가장 중요한 일은 꿈을 이루기 위해 지금 해야 할 것을 정해 그 일을 해야 한다는 것이다.

그 일을 '그냥', '마지못해' 하는 것이 아니라 '열정을 다해', '최선을 다해' 해야 한다.

나는 이 책을 쓰기 위해 오늘은 얼마나 쓸 것인지 분량을 정해 놓고 쓰기 시작한다.

책을 쓰지 않는다고 타박할 사람도 없고, 재촉할 사람도 없다.

하지만 내가 안다. 나는 이번 책을 쓰기 시작하면서 책쓰기의 즐거움을 알게 되었다.

나는 20대 내내 아무것도 이루지 못했다는 생각에 초조감이 극에 달했다. 첫 번째 책을 완성하고 출판되는 것을 보아야 20대 내내 방황했던 것에 의미를 부여할 수 있을 것 같았다.

두 번째 책을 쓰면서 다른 책도 보는 일은 내가 굉장한 행복이다. 뭔가 할 일이 있다는 것, 하루하루 조그만 성공을 거둘 수 있다는 일은 자신의 자존감을 지키는 데 큰 도움이 된다.

내가 20대에 방황을 오래 한 것에 면죄부를 주고 싶지 않다. 20대 때 그토록 오래 방황한 것은 내 잘못이기 때문이다.

나는 이 책을 읽는 20대들에게 20대가 얼마나 중요한 시기인지, 지금 처한 상황이 나쁘다고 해서 세상을 원망하기만 해서는 안 된다는 사실을 알려주고 싶다.

자신이 처한 상황이 마음에 들지 않을 수 있다.

그것이 오히려 정상일 수도 있다. 어떤 상황이 마음에 들지 않다는 건 자신이 더 나은 상황을 바란다는 의미이기 때문이다. 자신이 처한 불리한 상황에 압도되면 아무 것도 할 수 없게 된다. 그러나 그 상황에 불만을 토로하는 것에 그치지 않고 극복하기 위해 모든 것을 건다면 불리한 상황은 장애물이 아니라 디딤돌이 된다.

두 번째 책을 쓰기 시작하면서 내가 어쩔 수 없이 해야 할 일을 제외하고 내 시간을 통제할 수 있게 되었다. 나는 내가 해야 할 일을 제외하고, 책읽기와 책 쓰기에만 집중하고 있다. 내 시간을 최대한 통제하기 위해 나는 우선 습관처럼 시간을 낭비하게 되는 주범인 TV시청을 하지 않고 있다. 덕분에 나는 요즘 TV에서 인기 있는 프로그램이 무엇인지 모른다. 사실 별로 알고 싶지도 않다. 멍하니 TV를 보며 시간을 보내기보다 훨씬 재미있는 일인 책 쓰기를 하고 있기 때문이다.

〈33세, 평범과 비범 사이〉를 쓴 오구라 히로시는 우리가 할 수 있는 선택은 '지금'이나 '나중'이 아니라, '지금 한다'가 아니면 '영원히 하지 않는다'일 뿐이라고 말한다. 그의 말처럼 하고 싶은 일이 있다면 결코 미뤄서는 안 된다. 하고 싶은 일이 있다면 '지금' 하는 것이 최적의 선택이다.

유명한 권투선수 무하마드 알리는 시합 전에 항상 자신이 세계 최고라고 외쳤다.

심지어 그는 몇 회만에 상대방을 바닥에 눕힐 것인지를 예언했고 그의 예언은 대부분 맞아 떨어졌다.

자신감을 갖고 자신의 꿈을 예언하고 선언하라. 그런 행동에는 분명히 힘이 있다.

당신은 시간 관리를 어떻게 하고 있는가?

하고 싶은 일을 현실로 만들기 위해 거의 대부분의 시간을 투자하고 있는가?

아니면 그다지 중요하지도 않고, 급하지도 않지만 습관처럼 하는 일 때문에 시간을 낭비하고 있지는 않는가?

앞서 말한 〈33세, 평범과 비범 사이〉를 쓴 오구라 히로시는 꿈에는 대가가 필요하고 헌신이 필요하다고 말한다. 혼자만 좋은 것이 꿈이라면 다른 사람까지 널리 이롭게 하는 일이 비전이라고 설명한다. 그는 꿈만 꾸지 말고 종이에 적으라고 권한다.

또한 꿈과 비전을 실현하려면 꼭 필요한 것이 시간 관리라고 이야기한다.

긴급하지 않은 중요한 일들이 우리 인생을 결정한다고 말하는 그는 중요 사항을 얼마나 많이 처리하느냐에 따라 인생이 결정된다고 말한다. 그러려면 시간 관리에 철저해야 하며 계획 없이 타인에게 인생을 휘둘리지 말라고 강조한다.

자신의 중요 사항을 어떻게 파악할 수 있을까?

오구라 히로시는 '인생의 비전'을 결정하는 것에서 시작하라고 충고한다.

자신의 비전을 위해 '무엇을' 해야 하고, '어떻게' 해야 하는가를 따져보라고 권한다.

그는 이루고 싶은 비전이 명확해지고 이리저리 기웃거렸던 일들이 시시하게 느껴지기 시작한다면 마침내 허비하던 시간을 잘라낼 시간이 온 것이라고 말한다.

시간 관리를 철저히 하고 싶다면 자신이 하루를 어떻게 보내고 있는지 기록을 해보라고 권하고 싶다. 잠은 몇 시간을 자고, 밥은 몇 시에 몇 분 동안 먹는지, 그 외에 어떤 일을 하는데 시간을 보내는지 꼼꼼히 기록해보자. 의외로 그냥 흘려보내는 시간이 많다는 사실에 놀라게 될 것이다. 그 흘러가는 시간이란 수도꼭지를 잠가라. 그리고 그 시간을 꿈과 비전을 이루는 데 쓰라.

이 책을 쓰게 되면서 놀라는 일이 있다. 내가 이 일에 놀랍도록 몰입한다는 사실이다.

내가 글을 쓰는 공간이 어디라는 것을 잊고, 책을 쓰는 시간 또한 빠르게 흘러간다.

어느 순간 하루에 정해진 분량을 다 쓰는 나를 발견한다.

다른 자기계발서에서 말하는 좋아하는 일이자 잘할 수 있는 일이 이 일이라는 확신이 든다. '이 책을 읽는 20대들에게 도움이 되는 책을 쓴다'라는 목표에 도달할 수 있을 것이란 믿음이 생긴다.

어떤 대학교에서 졸업을 하는 학생에게 다음과 같은 질문을 한다고 한다.

1. 당신의 목표를 설정했습니까?
2. 목표를 종이에 적었습니까?
3. 최종 목표를 달성하기 위한 계획이 있습니까?

20년 후 추적조사를 한 결과, 세 가지 질문에 모두 '예'라고 대답한 학생은 전체의 3%에 불과했음에도 졸업생 총 자산액의 90% 이상을 소유하고 있었다. 그 뿐만 아니라 결혼, 직업, 건강 상태에서도 만족도가 더 높았다고 한다.

미국의 사회학자 로버트 킹 머튼(Robert King Merton)은 "강하고 뚜렷한 소망은 그것을 강하게 의식하며 골똘히 생각함으로써 실현된다."고 말한다.

당신은 어떤 일을 늘 강하게 의식하고 있는가?

〈퍼스트클래스 승객은 펜을 빌리지 않는다〉를 쓴 미즈키 아키코는 머릿속에서 막연하게 하고 싶은 일을 이것저것 떠올릴 때는 망상에 불과하지만 종이에 그것을 써내려가면 그 망상이 계획이나 기획의 형태로 완성되어 현실감을 띠기 시작한다고 말한다.

당신이 이루고 싶은 것을 꿈으로만 두지 말고 현실로 만들고 싶다면 지금 당장 자신이 원하는 것을 종이에 적음으로써 확실히 해 두어야 한다.

어떤 일을 시작하든 처음이기에 두려움은 생긴다. 그런 감정은 자연스럽다.

나 또한 첫 책을 쓸 때 온갖 두려움이 생겼다.

'내 원고가 과연 책으로 나올 만큼 가치가 있는가?', '내가 하고 있는 일이 시간 낭비는 아닐까?', '출판사에서 내 원고를 거절해 책이 못 나오면 어쩌지?' 등의 생각이 끊임없이 생겼다. 이런 생각이 떠오를 때마다 나는 꾸준히 원고를 쓰는 것으로 대응했다. 쓴 원고가 늘어나면서 불안감을 조금씩 조절할 수 있게 되었다.

성공은 하루아침에 생기지 않는다.

비록 그렇게 보일지라도 그 내면에는 끝없이 조금씩 쌓아올린 작은 성공이 있다.

지금 꿈을 이루기 위해 작은 행동이라도 일단 시작하라. 하다 보면 어느 새 관성이 되고 습관이 된다. 그렇게 작은 성공을 쌓아가다 보면 큰 성공을 거둘 수 있다.

미래에 성공하고 싶다면 현재에 계획을 세우고 조금씩 성공을 쌓아가라.

그 작은 성공이 당신을 밝은 미래로 안내해 줄 것이다.

당신이 정의하는 '큰 성공'은 무엇인가? 그 성공을 이루기 위해서 무슨 일을 시작해야 한다고 생각하는가? 매일 성공일지를 적어보자 공책의 맨 위에 자신의 목표를 적고 오늘은 그 목표를 이루기 위해 무슨 일을 했는지 적어보자. 기록하는 힘은 강력하다. 설령 최악의 하루를 보냈다 하더라도 스스로를 진정시키고 꿈에 집중할 수 있도록 해준다.

자신의 꿈이 정말 소중하다면 그 꿈을 이루기 위해 지금 당장 해야 할 일을 목록으로 만들어 보자.

02 부정적인 마음도 긍정적인 마음도 습관이다

〈감정은 습관이다〉를 쓴 박용철 작가는 '행복'과 '기쁨'을 습관으로 만들라고 권한다. 그렇게 된다면 습관은 자신에게 강력한 힘이 될 것이라고 조언한다. 웬만한 시련이나 역경이 찾아와도 행복과 기쁨이라는 감정습관의 힘으로 손쉽게 돌파할 수 있을 것이라고 말한다.

작가가 말하는 뇌의 원리는 무의식적으로 뇌가 자신에게 이로운 것을 선택하는 것이 아니라 그저 평소에 유지했던 익숙한 상태를 필사적으로 지키려고 한다는 것이다.

다시 말하자면 뇌는 유쾌하고 행복한 감정이라고 해서 더 좋아하지 않는다. 유쾌한 감정이건 불쾌한 감정이건 익숙한 감정을 선호한다. 불안하고 불쾌한 감정일지라도 그것이 익숙하다면 뇌는 그것을 느낄 때 안심한다.

긍정적으로 살아가기 위해서는 어떻게 해야 할까?

박용철 작가는 하루를 지내다 보면, 횟수가 많지는 않아도 기분 좋을 때, 만족감을 느낄 때, 작으나마 성취감을 느낄 때, 감사함을 느낄 때가 있다면 아주 사소한 것이라도 놓치지 말고 기록하라고 권한다. 하루를 마감하기 전에 최소한 한 번은 기록한 것을 다시 보면서 그때의 상황을 떠올려 보고 그 때의 감정을 느껴 보라고 말한다.

1950년대, 해리 할로(Harry Harlow)라는 심리학자가 새끼 원숭이를 두고 실험을 했다.

태어난 지 얼마 안 된 새끼 원숭이들을 친어미와 분리하여 우리에 넣었다.

그 우리 안에는 두 종류의 어미 원숭이 인형이 있었는데, 하나는 철사로 만들고 우유병을 달아놓았다. 다른 하나는 젖병이 달려 있지는 않지만 진짜 어미와 비슷하게 부드러운 천으로 만들었다.

실험자들은 생리적 욕구를 충족시켜주는, 철사로 만든 어미 원숭이 인형을 더 좋아할 것이라고 예상했다. 하지만 새끼 원숭이들은 배가 고파서 잠깐 철사로 만든 인형을 접촉하는 것을 제외한 대부분의 시간을 부드러운 어미 원숭이 인형과 놀았다. 만약 부드러운 어미 원숭이 인형과 떼어 놓으려고 하면, 친어미와 헤어지는 듯 극도의 흥분 상태가 되어 실험자를 공격했다고 한다.

사람도 새끼 원숭이와 크게 다르지 않아서 생리적인 욕구는 모두 충족되었으나 다른 사람과의 접촉이나 관계가 없었던 유아들은 친밀 욕구가 충족된 유아들보다 생존율이 크게 낮았다는 연구 결과도 있다.

어떤 사람은 친밀한 관계를 원하지 않는다고 말한다. 하지만 마음 속 깊은 곳에서는 사람들과 친밀한 관계를 유지하고 싶어 한다. 낮은 자존감 때문에 사람을 멀리하는 것뿐이다.

〈나쁜 건 넌데 아픈 건 나야〉를 쓴 정일교 작가는 〈기적 수업〉을 인용하여 다음과 같이 말한다.

"모든 병은 용서하지 않으려는 상태에서 비롯된다. 만약 지금 현재 몸에 아픈 데가 있다면 주위를 살펴보고 용서해야 할 사람이 누구인지 찾아볼 필요가 있다."

그는 몸이 아플 때 그게 혹시 마음이 아프다는 신호는 아닌 지 점검해 봐야 한다고 말한다. 마음에 상처를 입었거나 욕구가 억눌렸을 때 자신도 모르게 그것이 신체적 증상으로 나타난다고 설명한다.

마음의 상처를 어떻게 하면 좋을까?

정일교 작가는 상처를 후벼 파서 본인은 물론 다른 사람까지 아프게 하는 것과 아픈 상처를 계기로 성장하여, 주변의 자신과 유사한 상황으로 힘들어하는 사람들에게 격려와 용기를 주는 것이 있다고 말한다.

과거에 아직도 머물러 있는 사람들에게 정일교 작가는 따끔한 조언을 한다.

"과거의 상처를 인정하는 것은 자기 자신을 용서하는 일이다. 자신의 아픈 과거를 받아들이고 위로할 때 발전할 수 있다. 자신의 상처를 무조건 남 탓으로만 돌리지 말아야 한다. 상처를 준 상대를 평생 미워하고 증오해 봐야 전혀 도움이 되지 않는다. 상대방을 탓하고 원망하는 것은 자신의 인생을 망치는 길이다."

정일교 작가는 자신을 사랑하면 인생에 기적이 일어난다고 말한다. 그가 정의하는 사랑은 자신을 존중하고 우리 몸과 마음에서 일어나는 기적에 감사하는 태도이다. 잠들기 전후로 거울을 들여다보면서 자신의 이름을 말하고 "나는 너를 있는 모습 그대로 사랑하고 받아들인다."라고 말하라고 조언한다. 이렇게 매일 반복하다 보면 자신도 모르게 힘이 생기고 자존감도 높아진다고 설명한다.

정일교 작가가 말하는 자존감이 낮은 사람들의 특징은 다음과 같다.

시련이 닥치면 피하려고 한다.

기쁠 때는 행복해하지만, 가까이 있는 사람이 슬프거나 아프면 함께 하기보다 회피하려고 한다.

쉽게 짜증을 내고 화를 내며 불안해 한다.

타인이 한 말에 쉽게 상처받기 때문에 상처받지 않으려는 자기 방어적 수단으로 분노를 사용한다.

항상 마음이 공허하기 때문에 다양한 중독에 빠지기 쉽다.

정일교 작가는 자존감이 낮은 사람은 어떤 일을 새로 시작하기가 어렵다고 말한다.

일을 시작할 용기와 자신을 믿는 마음이 없기 때문이라고 한다. 그는 지치고 괴로울 때 의식하면서라도 긍정적인 언어를 골라 사용하라고 조언한다.

말은 앞으로 펼쳐질 우리가 사는 모습도 바꿀 수 있다고 이야기한다.

〈행복은 어디에서 오는가〉를 쓴 앤서니 그랜트와 앨리슨 리는 행복하고 싶다면 운동을 하라고 조언한다. 운동을 하면 기분이 좋을 때 분비되는 신경전달물질인 세라토닌의 수치가 올라간다는 이유에서다. 그 뿐만 아니라 열심히 운동하면 근심 걱정을 생각하는 것이 멈춰지며 억눌린 분노와 좌절감이 해소된다고 한다. 운동은 숙면을 도와주고 숙면을 취하면 기분이 좋아진다고 말한다.

지금 분노하거나 외로움을 느낀다면 감정에 휩쓸리지 말고 "나는 지금 화가 났구나.", "나는 지금 외롭구나."라고 자신의 감정에 이름을 붙여주자.

UCLA 심리학과 매슈 리버만 교수는 "감정을 말로 바꾸면 전

전두엽 부위가 활성화되고 위험을 감지하는 편도체의 반응이 줄어든다. 운전할 때 노란 불을 보고 브레이크를 밟는 것과 같다. 감정을 단어로 바꾸는 것은 감정 반응에 브레이크를 거는 것과 같다."고 말했다.

부정적인 감정은 지금 자신이 생존하지 못할 수도 있다는 편도체의 신호를 받아들였기 때문이다. 과거의 일은 지나갔고, 새로운 삶을 시작하고 싶다면 자신이 느끼는 감정에 침착하게 이름을 붙여보자.

"나는 ○○ 때문에 화가 나."

"나는 친구가 사정이 생겨서 못 만난다고 해서 외로워."

이런 식으로 자신의 감정에 이름을 붙인다면 보다 객관적으로 상황을 판단할 수 있을 것이다.

아픈 과거는 이제 지나갔다. 위험을 감지하는 편도체가 지나치게 활성화 되어 있다면, 그리고 당신의 뇌가 우울함과 외로움에 익숙해져서 행복을 느끼기가 어렵다면 좀 더 적극적인 활동이 필요하다.

나는 지금 우울하게 살아가고 있는 사람에게 특별한 일기를 쓰라고 권하고 싶다. 바로 감사일기와 칭찬 일기이다.

쓰는 방법은 어렵지 않다. 하루를 마감하면서 잠들기 전에 감사할 일 세 가지와 자신을 칭찬할 점 세 가지를 쓰면 된다.

나는 나와 친한 사람의 블로그를 보게 되면서 감사일기를 쓰기 시작했다.

쓸 말이 없다고? 당신의 손가락과 발가락은 몇 개인가? 각각 10개씩 잘 붙어 있다면 그것에 감사하라. 오늘 살아 있음에 감사하고, 내일을 꿈꿀 수 있다는 것에 감사하라.

감사일기를 쓸수록 감사할 일이 늘어나게 된다. 긍정적으로 살고 싶다면 사소한 일에서부터 감사를 느끼는 것이 필요하다. 또한 부정적인 뇌를 긍정적으로 바꾸는 데 도움이 된다. 뇌는 익숙한 것에서 편안함을 느끼기에 처음에는 어색하고 힘들겠지만 계속하게 되면 습관이 되어 뇌도 편안함을 느끼게 된다. 그 때까지 계속해서 감사일기를 써보는 것은 어떨까?

당신은 스스로를 얼마나 믿는가? 다른 사람이 어떤 말을 하든지 자신이 믿는 길을 걸어갈 자신이 있는가?

자신이 하고 싶은 일을 할 수 있다면 행복할 것이다.

그런데 어떤 사람들은 자신이 하고 싶은 일을 할 수 있는 기회가 자신 앞으로 다가온 순간 망설이게 된다.

줄리아 카메론이 쓴 〈아티스트 웨이〉를 읽다보면 '그림자 아티스트'라는 표현이 나온다.

주위의 강요로 아티스트가 되지 못한 사람, 자신의 가치를 너무 낮게 평가해 자신이 예술적인 꿈을 갖고 있다는 사실조차 깨닫지 못한 사람을 가리키는 말이다.

자신의 꿈이 무엇인지 모르는가? 그렇다면 자신이 콤플렉스를 가지고 있는 바로 그 분야에서 꿈이 숨어 있을지도 모른다. 나 또한 오랫동안 꿈을 가지고 있으면서도 그림자 속에 머물러 있었다.

심리학자이자 철학자 윌리엄 제임스는 이렇게 말했다.

"만일 어떤 사람이 자신이 이루고자 하는 꿈을 정했다면, 그 것을 이루느냐 못 이루느냐에 따라 그 사람의 자존감이 결정된 다."

당신은 스스로 살아온 20년을 어떻게 평가하는가?

자신의 뜻대로 주체적으로 살아왔다고 평가할 수 있는가? 아 니면 다른 사람이 정해준 대로 살아왔는가?

당신은 성공을 무엇이라고 정의하는가?

경제적으로 큰 부를 쌓는 것, 유명해지는 것, 다른 사람에게서 인정받는 것 등 사람들이 성공이라고 인정하는 것은 여러 가지 가 있다.

플로렌스 나이팅게일은 "당신은 스스로 생각하는 대로 될 것 이다."고 말했다.

당신은 스스로를 어떻게 평가하는가?

다른 사람에게서 오랫동안 비난과 무시를 받았다면 당신의 자존감은 낮아지고, 스스로가 아무 것도 할 수 없다고 생각할 것 이다.

소설가 아놀드 베넷은 이렇게 말했다.

"진정한 비극의 주인공은 살면서 일생일대의 분투를 준비하 지 않는 사람, 자기 능력을 모두 발현하지 않는 사람, 자신의 한 계에 맞서지 않는 사람이다."

당신은 비극의 주인공이 되지 않기 위해 어떤 일을 하고 있는가?

남의 꿈에 흔들리지 마시고 자신만이 할 수 있는 것을 찾자. 그러기 위해서는 스스로를 믿어야 한다. 자신이 가장 잘할 수 있는 어떤 것에 몰두하는 것, 그것이 성공에 가까워지는 길이 아닐까?

꿈을 정하였는가?

그렇다면 당신의 꿈을 무시하고 비웃는 사람들에게 이야기하지 말라. 꿈이 없는 사람들의 내면에는 이렇게 살면 안 되겠다는 심리가 조금이라도 있다.

그런데 주변의 사람이 꿈을 찾고 그 꿈을 이루기 위해 애를 쓰는 모습을 보면 불안해지기 시작한다. 꿈이 없는 대신에 나름대로 안일하고 편안하게 살고 있는데 변해가는 주변 사람을 보면 자신도 움직여야 할 것 같은 생각이 든다. 하지만 관성 때문에 변화하기 싫어한다. 그렇다면 그는 어떻게 행동할까? 자신의 꿈을 찾고 움직이는 대신 변화하려는 다른 사람을 끌어내리려고 애를 쓴다.

살아있는 게를 대야에 가득 담아두면 한 마리도 탈출하지 못한다고 한다. 도망가려고 애를 쓰는 게를 다른 게들이 못 움직이게 방해하기 때문이다. 당신의 꿈을 방해하는 인물은 누구인가?

꿈을 찾았다면 꿈을 이루기 위한 행동을 매일 해야 한다. 러시

아의 소설가 도스토옙스키는 "습관은 사람이 무엇이든 하도록 한다."는 말을 했다.

좋은 습관을 들여서 스스로가 꿈에 다가가기 위해 노력한다면 스스로에게 좋은 평가를 내릴 수 있다. 그렇게 높아진 자존감이 실패에도 흔들리지 않도록 돕는다.

버진 그룹의 회장 리처드 브랜슨은 자신이 하는 사업을 이렇게 정의한다.

"나에게 비즈니스는 정장을 잘 차려입거나 돈을 버는 것만을 의미하지 않는다. 나 자신, 내 생각에 솔직해지는 것, 내 본질에 가까워지는 것이다."

성공도 자신에게 솔직해지는 것으로 시작된다.

당신은 스스로에게 솔직해질 수 있는가?

그 동안 다른 사람의 의견에 맞춰 살아온 것이 편할 수도 있다.

다른 사람이 기대할수록 열심히 일을 해 왔을 수도 있다.

하지만 그것은 당신의 삶을 사는 것이 아니라 다른 사람의 삶을 대신 사는 것이다.

다른 사람의 못 이룬 꿈을 대신 이루려 애쓰지 말자.

안정적이니까 멋져 보여서가 아닌 스스로에게 어울리는 꿈을 찾아보자.

성공하는 첫 걸음은 스스로를 아는 데에서 시작한다.

04
보호 받는 존재가 되지 말고
스스로 서 있는 존재가 되자

자신이 성숙한 사람이라는 것을 드러내는 가장 중요한 지표는 남이 하는 대로 무작정 따라하거나 지나치게 자신을 비하하지 않는 것이다. 자신 있게 행동하고 자신 있게 일하고 자신 있게 꿈꾸며, 결코 자신을 의심해서는 안 된다.

자신의 자리를 조금 높게 잡고 시험 삼아 노력해보자. 목표를 너무 높게 잡았다고 두려워하지 말자. 자신의 능력을 낮게 평가하지 마라. 스스로가 하고 싶고 도전할 수 있다면 반드시 당신이 바라는 결과를 얻을 수 있다.

어떤 사람들은 자신이 기울인 노력이 빨리 성과로 나타나길 바란다. 외국인들이 한국말을 배울 때 가장 먼저 배우는 말이 '빨리빨리'라고 한다. 그만큼 한국인들이 성질 급하다는 말일 것이다.

하지만 때로는 큰 성과를 내기 위해 기다려야 한다.

〈김미경의 드림 온〉을 쓴 김미경 원장은 무명 시절을 얼마나 오래, 얼마나 치열하게 보내는가에 따라 꿈의 가치와 생명력이 결정된다고 말한다. 빨리 유명해지고 싶은 욕심에 충분히 연마되지 않은 실력으로 프로의 세계에 뛰어들면 오히려 꿈의 생명이 단축될 수 있다고 경고한다.

김미경 원장은 수백 번 깨져도 그 꿈이 다시 나를 일으켜 세워준다면 세상 누가 뭐래도 그것이 자신다운 꿈이라고 말한다. 무명 시절이야말로 자신의 꿈을 검증하고 확인하는 데 꼭 필요한 과정이라고 이야기한다.

나는 나 자신이 특별한 존재로 인정받기를 원하지만 안타깝게도 나는 평범한 능력밖에는 없다고 생각한다. 평범한 존재가 특별한 존재로 인정받기 위해서는 연습이 반드시 필요하다고 여기고 있다.

예전에 어느 개그맨은 "1등만 기억하는 더러운 세상!"이라고 외쳤는데 많은 사람이 공감한 덕분에 유행어가 되었다.

당신은 1등이 되고 싶은가?

많은 사람들이 알고 있는 대기업에 들어가서 계속해서 승진하는 삶을 꿈꾸고 있는가?

어떤 사람은 회사를 떠나고 나서야 자신으로 살지 못했다는 사실을 깨달았다고 말한다.

자기 자신이 아닌 조직의 한 구성원에 불과했고, 그동안 조직의 보호 아래 편안히 살다가 조직을 떠나고 보니 이전까지의 자신은 기계의 부속품 같은 존재였다는 사실을 알게 된다고 한다.

사람은 살면서 계속해서 보호를 받는다.

어린 시절에는 부모님의 보호를 받고, 회사에 들어가서는 회사라는 조직의 보호를 받는데 익숙해져 있는데, 어느 날 갑자기 나이 들어서 회사를 떠나게 되면 그 때서야 어떤 일을 해야 할지 고민에 빠진다.

모아놓은 돈으로 치킨집이나 휴대폰 대리점, 편의점을 하다가 잘 안 되게 되면 생계마저 위협을 받게 된다.

이 책을 읽는 20대인 당신에게 보호받는 존재가 아닌 스스로 설 수 있는 존재가 되라고 권하고 싶다. 가정이나 조직에서 받는 보호는 당신을 안주하게 한다.

〈온리원〉을 쓴 개그맨 오종철씨는 TV에서 다른 개그맨들과 경쟁하는 것에서 벗어나 스스로를 '소통테이너'로 정의했다. 소통과 엔터테인먼트를 결합해 자신만이 할 수 있는 나만의 일, 세상에서 가치를 인정받을 수 있는 또 다른 일을 찾아보자는 취지였다고 말한다. 소통테이너로 일하면서 재미있는 경쟁을 할 수 있게 되었다고 이야기한다. '자신만의 고유한 가치'로 독특하고 개성 넘치는 길을 걸어가자고 권한다.

나는 20대에게 가장 중요하고 시급한 임무가 스스로를 아는 것이라고 생각한다.

자신이 무엇을 원하는지 어떤 분야에서 일하는 것이 좋을지 알아내는 것이다.

지금 다른 사람과 스펙 쌓기 경쟁으로 지쳐 있는가? 꿈을 찾으라는 편한 소리는 쓸모없고 자신과 어울리지 않는 이야기라고 생각하는가? 사람들이 많이 가는 길이 좋다고 생각하는가?

나는 유명해지고 싶지 않다, 그저 평범하게 살아가고 싶다고 생각하는가?

그러한 생각은 어쩌면 지금 이대로가 좋고 움직이려면 노력을 기울여야 하는 게 싫다는 생각일 수도 있다. 평범하게 살아가는 사람들은 비교적 사람들에게서 괜찮은 평가를 받는다. 튀거나 자신만의 길을 걸어가는 사람들을 삐딱하게 혹은 한심하게 보는 사람들이 많다. 그런 상황에서 자신이 옳다고 생각하는 길을 걸어가는 일은 험난하다.

자신이 뭘 잘하는지 모르겠다고 생각한다면 심리 검사를 받아보라고 권하고 싶다.

나는 얼마 전에 다면지능검사를 받았다. 가장 높은 점수를 받은 지능은 언어지능, 두 번째로 높은 점수를 받은 지능은 자기성찰지능이었다. 작가가 될 수 있었던 것도 언어지능이 높았기 때문이라는 생각을 했다.

앞서 말한 개그맨 오종철씨는 지금 현재 자신의 이름 앞에 놓여 있거나 스스로가 바라는 직업, 직책, 수식어를 이름 뒤로 빼라고 권한다. '삼성의 홍길동'이 아니라 '홍길동의 삼성'으로 '공무원 김철수'가 아니라 '김철수의 공공기관'으로 말이다. 오종철 씨는 '개그맨 오종철'이 아니라 '오종철의 개그'로 바꾸는 순간 많은 것이 바뀌었다고 말한다.

이렇게 자신의 이름을 드러냄으로써 자신의 이름에 책임을 지라고 권한다. 당신은 어떻게 자신의 이름에 책임을 지고 싶은가?

당신은 어떤 분야에서 일하고 싶은가? 그 일을 평생토록 할 자신이 있는가? 지금 하고 있는 공부가 자신이 진정으로 성장하는 데 도움이 되는 것일까?

살면서 여러 가지 선택해야 하는 것이 있다. 이 때 중요한 점은 다른 사람의 의견에 휘둘려서는 안 된다는 것이다. 스스로를 가장 잘 아는 사람은 자기 자신밖에 없다. 선택권을 다른 사람에게 넘겨주고 그 사람이 시키는 대로 생각하고 행동하는 것은 어쩌면 가장 편한 일일 수 있다. 하지만 가장 편한 길이 옳은 길은 아니다. 24시간동안 당신은 스스로와 함께 한다. 그보다 적은 시간을 보내는 타인이 당신을 가장 잘 안다고 생각하지 말자. 물론 다른 사람의 좋은 충고를 받아들이는 것은 좋은 일이다. 그러나 생각을 한 뒤에 다른 사람의 충고를 받아들이는 것과 아무 생각 없이 다른 사람의 의견을 따라 행동하는 것은 전혀 다른 문제이다.

부모님, 선생님, 기타 다른 사람들의 희망을 좇지 말라. 당신이 가야 할 길은 따로 있다. 당신만이 할 수 있는 가장 특별한 일을 찾기 위해 지금부터 투자해 보자. 자기 자신으로 살아갈 때 당신은 자신을 자랑스럽게 여기고 그토록 바라는 성공도 할 수 있을 것이다.

자기 자신을 아는 것은 취직하기 위해 스펙을 쌓는 일보다 중요하다. 직장에 다닌지 1년이 안 되어 그만 두는 20대들이 있다고 한다. 여러 가지 이유가 있겠지만, 자신의 적성을 생각하기보다 우선 취직하고 보자는 생각이 그 원인 중 하나일 것이다.

자신을 어떤 상품으로 발전시켜 나갈 것인가?

기업이 당신과 일해야 할 이유는 무엇인가?

이 질문에 제대로 대답하지 못한다면 우선 자신이 누구이며 무엇을 잘할 수 있는지 생각해 보자. 성공한 사람들은 자신이 누구인지 무엇을 잘하는지 아는 사람들이었다. 당신이 성공하기 위해 단련시킬 당신만의 무기는 무엇인가?

성질 급한 사람들은 자신이 원하는 일이 바로 발생하지 않았을 때 매우 실망한다. 그들이 원하는 결과가 나오지 않았을 경우 의욕마저 사라지는 경우도 있다.

사람들은 돌아가는 것을 매우 두려워한다. 그 일이 언제 이루어질지 알 수 없기 때문이다.

지금 하고 있는 일에 만족하지 못하면서 자신이 진짜 원하는 일을 한다면 잘 할 수 있을 것이라고 말한다.

스타강사인 유수연은 자신의 책 〈20대, 나만의 무대를 세워라〉에서 살다보면 자신의 의지와는 상관 없이 어떤 일을 해야 하는 경우가 있는데 그런 일을 흔쾌히 열정적으로 할 수 있는 사람은 많지 않다고 말한다.

유수연씨는 1997년 영국에서 경영학 석사 과정을 공부하고 있었는데 가족들이 하고 있는 식당이 잘 되지 않아 돌아와야 했다. 잘 되지 않던 식당을 호프집으로 바꾸고 그 일에만 모든 것을 걸고 일을 했다. 결국 가게를 성공적으로 경영한 뒤에 팔아서 영국으로 돌아올 수 있었다.

논문을 쓰게 되었을 때 가게를 경영한 경험이 많은 도움이 되었다고 한다.

하고 싶은 일만 할 수 있다면 얼마나 좋을까?

하지만 안타까운 점은 그럴 가능성이 별로 없다는 것이다.

지금 하고 있는 일이 마음에 들지 않는다고 해서 마음대로 그만 둘 수 있는 상황인가?

많은 사람들이 꿈을 꾸고 있지만 그것을 실행하려는 의지는 부족한 경우가 많다.

'꿈이 있는데 돈이 없다. 그래서 지금 다니는 직장에 계속 다녀야 한다. 직장에서 상사가 매일 나를 괴롭히는 것이 취미가 아닐까 하는 생각이 든다.'

이런 상황이라면 당신은 어떻게 행동할 것인가?

자신이 너무 하고 싶은 일이 있는데 돈이 없다면 얼마나 슬픈 일인지 많은 사람들이 알고 있다.

스타강사인 김미경 원장은 자신의 책 〈김미경의 드림 온〉에서 다음과 같이 말한다.

"자본주의 사회에서 꿈은 자본과 밀접하게 맞닿아 있다. 생계를 유지할 정도의 자본이 없으면 당연히 꿈도 유지가 안 된다. 누가 속박해서가 아니라 스스로 돈 때문에 옴짝달싹 못하게 되

146

면서 자유가 없어진다. 꿈은 나 자신이다. 내가 자신감이 생기면 꿈도 자신감을 얻고, 내가 굶으면 꿈도 같이 굶어 죽는다. 꿈을 지속시키려면 나 자신을 돕고 먹여 살릴 수 있는 생계 부양 능력부터 가져야 한다."

20대를 잘못 보낸 대표 주자가 바로 나였기 때문에 20대들에게 나와 같은 실수를 반복하지 않기를 바라면서 이렇게 두 번째 책을 쓰게 되었다.

앞서 말했듯이 김미경 원장은 돈과 꿈이 적절한 균형이 중요하다고 말한다. 꿈이 시키는 일만 할 수 있을 때까지 돈이 시키는 일도 병행해야 한다고 충고한다. 돈이 시키는 분야에서 무르익어가다 보면 꿈이 시키는 일만 해도 되는 날이 온다고 말한다. 돈에서 완전히 자유로워지고 한 분야에서 최고의 경지까지 오르게 되면 선택권은 자연스럽게 다양해진다고 조언한다.

두 번째 책을 쓰기 위해 매일 집안 식구들이 다 자는 새벽 시간에 일어나서 글을 써야 하지만 나는 행복하다. 내 20대는 실패로 가득 차 있었지만 이 경험도 책을 쓰면서 소중한 경험이 되었다.

세상은 생각보다 공평하다. 다른 사람이 성공한 모습을 보면서 어떤 생각이 드는가? 그 사람은 그 사람이고 나는 나만의 성공을 이루기 위해 지금 하고 있는 일이 있는가?

꿈을 꾸면서 가장 위험한 상황은 그것을 이루기 위한 노력을 아무 것도 하지 않으면서 머릿속으로만 생각하는 것이다.

자신이 위대한 사람이 될 수 있다고 믿는 사람일수록 자신이 현재 처한 상황에서 최선을 다해야 한다. 자신이 처한 일에 최선을 다하는 것도 습관이다. 그런 습관이 없다면 자신의 꿈도 점점 더 멀어지게 된다.

여기서 잠깐 당신에게 물어 보고 싶은 것이 있다.

1. 당신이 꿈을 가지게 된 동기는 무엇인가?

2. 꿈을 이루기 위해 가장 먼저 해야 할 일은 무엇인가?

3. 꿈을 이루기 위해 얼마만큼의 돈이 필요한가?

4. 그 돈을 벌기 위해 지금 어떤 일을 하고 있는가?

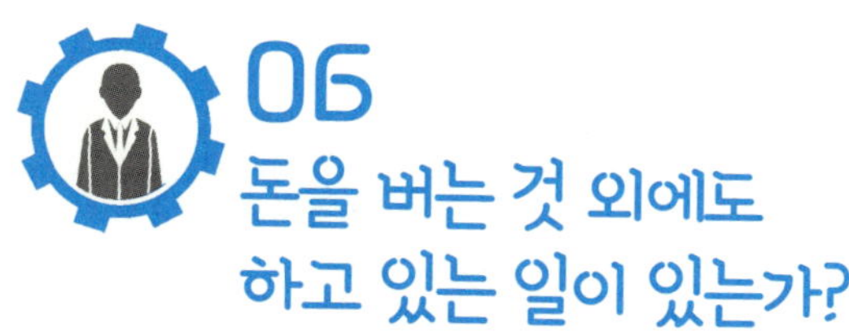

23살에 첫 작가가 되고자 하는 꿈은 31살 때 두 번째 책이 나오면서 이루어질 것이다.

이제는 나는 다른 꿈을 꾼다. 꿈을 이루면 좋은 점 하나는 다른 꿈을 꾸게 된다는 점이다.

꿈 하나를 이루면 다른 소중한 꿈도 생기게 된다. 그렇기 때문에 절대로 꿈을 포기해서는 안 된다.

'나는 절대로 꿈을 이룰 수 없을 거야. 내가 의무로 해야 할 일이 너무 많거든.'

이렇게 생각한다면 지금 하는 일에서 최선을 다해보자. 최선을 다한 사람은 행동할 수 있는 여지 또한 넓어지기 때문이다.

행동하지 않던 시절, 역사소설을 쓰겠다는 내 결심은 내게 소중한 꿈이자 불편한 점이기도 했다. 꿈을 이루기 위해서 아무 것도 제대로 행동한 것이 없었기 때문이다.

나는 지금 꿈을 이루기 위해 돈을 벌고 있다. 그리고 20대들에게 꿈을 절대로 포기하지 말라고 조언을 하기 위해 책을 쓰고 있다.

제발 꿈을 이루기 위해 돌아간다고 두려워하지 말자. 꿈은 다른 사람이 도와줘서 쉽게 이룰 수 있는 일이 아니다. 경제적으로 완전히 독립한 뒤에 자신의 꿈을 당당히 세상에 알려라. 그렇게 된다면 자신에게도 당당할 수 있다.

실패할까 봐 두려워서 아예 꿈을 꾸지 않는다는 말도 어리석은 말이다.

에디슨은 전구를 발명하기 위해 수천 번의 실패를 거듭해야 했다.

사람들은 에디슨이 전구를 발명한 것에 성공한 것을 기억하지 실패한 것을 기억하지 않는다.

수십 번의 실패를 거듭해도 한 번 성공할 수 있다면 사람들은 그것으로 당신을 기억할 것이다.

꿈은 사람을 발전시키는데 가장 중요한 원동력이다.

현재 자신이 꿈꾸고 있는 일과 점점 멀어지는 것 같은가? 꿈을 이루기 위해 어떤 일을 하고 있는가?

오직 행동만이 자신이 원하는 일과 가까워지게 한다.

고속도로가 막혔을 때 사람들은 국도로 돌아간다. 때론 돌아가는 길이 더 빨리 가는 길일 수도 있다.

자신이 꿈과 점점 멀어지고 있다고 여긴다면 무엇 때문에 꿈꾸기 시작했는지 생각해 보라.

사람들은 초심을 잃지 말라고 충고한다. 당신이 꿈을 이루기로 결심한 이유는 무엇인가?

그 꿈을 이루기 위해 준비해야 할 것은 무엇인가?

엉망으로 보낸 10년을 다른 사람들은 반복하지 않기를 바라면서 첫 번째 책을 썼다.

그 결과 나는 소설가는 아니지만 작가가 될 수 있었다.

한국 축구의 영웅 히딩크 감독은 "나는 아직도 배고프다."라는 말을 했다.

한 번 성취를 이룬 사람은 계속해서 성취하기를 바라고 행동한다. 성취가 주는 기쁨이 한 번으로 만족하지 못하게 하기 때문이다. 작은 성취가 모여서 큰 꿈을 이룰 수 있게 돕는다.

꿈을 이루기 위해 돌아간다 해도 그 과정에서 성취할 수 있다면 결코 손해가 아니다.

꿈은 조금씩 이루어나가는 것이다. 코끼리를 한 입에 삼킬 수 없다면 한 입씩 먹어가는 것이 현명하다. 부디 지금 하고 있는 일에서 성취를 느끼기를 바란다. 그렇다면 꿈을 이뤄가는 과정에서 더 큰 성취를 느낄 수 있을 것이다.

―― 05 ――

현실이 너무도
고통스러운 당신에게

얼마 전 뉴스에서 대기업 신입사원 채용이 시작된다는 내용을 보았다. 인문학적 소양도 평가에 포함된다는 소식에 나는 20대들이 안타까웠다. 가뜩이나 많은 스펙을 쌓느라 고생하는 20대들이 이제 인문학을 공부해야 한다는 부담 하나가 더 생긴다는 것이 걱정스러웠다. 20대들은 너무 바쁘고 힘들어한다. 학점, 영어 성적, 인턴십, 어학연수, 봉사활동 등 사회가 요구하는 스펙을 채워나가기 위해 귀중한 시간과 돈을 들여 스펙을 쌓는다.

01
마음가짐을 긍정적으로 해야 하는 이유

얼마 전 뉴스에서 대기업 신입사원 채용이 시작된다는 내용을 보았다. 인문학적 소양도 평가에 포함된다는 소식에 나는 20대들이 안타까웠다. 가뜩이나 많은 스펙을 쌓느라 고생하는 20대들이 이제 인문학을 공부해야 한다는 부담 하나가 더 생긴다는 것이 걱정스러웠다.

20대들은 너무 바쁘고 힘들어한다.

학점, 영어 성적, 인턴십, 어학연수, 봉사활동 등 사회가 요구하는 스펙을 채워나가기 위해 귀중한 시간과 돈을 들여 스펙을 쌓는다.

최근에 공무원들이 정년까지 근무하는 대신 명예퇴직을 신청한다는 소식을 신문에서 보았다. 연금 개혁으로 연금 수령액이 줄어들고 명예퇴직을 하면 나오는 돈까지 사라진다는 소문에 연금 혜택을 유지하기 위해 미리 공직을 떠난다는 내용이었다.

20대들이 이 소식에 더 절망했을지는 모르겠지만 앞으로 20년 동안 번 돈으로 30년 이상을 살아가야 할지 모른다. 30년이 아니라 40년~50년을 먹고 살 걱정을 해야 할지 모른다.

40대 초중반에 직장을 떠난 뒤에 수입을 얻기 위해 자영업을 시작한다. 하지만 생각처럼 돈이 벌리지 않고 오히려 손해를 본 채 그만 두게 된다.

오랫동안 직장에서 번 돈이 한순간에 사라지고 마는 것이다.

게다가 나이 많은 사람은 기업에서 잘 뽑아주지도 않는다. 정기적인 수입이 사라지는 일은 자칫 생존 여부마저 좌우할 수 있을 만큼의 위험한 일이다.

20대인 당신이 직장을 떠나면 어떤 일을 하고 싶은가?

제발 직장을 얻게만 해달라고 빌고 싶은 20대도 있겠지만 자신이 하고 싶은 일이 무엇인지 명확하게 정해서 그 길을 가야 한다. 그렇지 않다면 간신히 얻게 된 직장도 오래 버티지 못하고 떠나게 될 것이다.

평균 수명은 점점 늘어나고 일하는 기간이 점점 줄어들고, 노후 생활은 보장되어 있지 않는 사람들이 많다.

20대를 처음 시작하는 당신에게 온통 힘든 환경을 알려주는 소식을 듣는 일은 고통스러울 수 있다. 자신이 처한 상황이 너무 어렵다는 이유로 기가 죽을지도 모른다.

지금 낙담한 채 아무 일도 할 수 없다고 생각한다면 에릭 카플린이 쓴 〈5분 동기부여〉라는 책에 있는 한 이야기를 읽으며 생각해 보자.

어느 날 악마는 두려움, 우울함, 미루는 버릇, 부정적 성향, 적대감, 질투 등 그에게 있는 온갖 종류의 도구를 팔고 싶었다. 악마가 물건을 진열하는 것을 도와주던 다른 악마는 가장 높은 가격이 매겨져 있는 '낙담'이라는 도구를 보게 되었다. 녹이 슬어 있는 낡아빠진 도구가 가장 비싼 가격이 붙어 있는 것이 궁금했던 다른 악마는 그 이유를 물어보았다.

도구의 주인인 악마는 이렇게 대답했다. "이 낙담이라는 도구가 가장 쓸모 있지. 이 도구를 이용하면 사람들의 무의식을 내 마음대로 조종할 수 있어. 일단 낙담이라는 감정이 사람들의 마음속에 자리 잡으면 다른 도구들을 이용하는 것은 아주 쉬워."

낙담이라는 감정에서 벗어나자. 낙담을 했다면 자꾸만 부정적인 생각이 든다. 부정적인 생각을 하게 되면 올바른 생각을 할 수 없게 되고 자포자기하는 일까지 하게 된다.

에릭 카플란이 쓴 〈5분 동기부여〉라는 책에는 다른 사람의 부정적 평가를 극복하고 자신이 바라는 길을 꿋꿋이 걸어간 사례가 있다.

루이사 메이 올코트는 한 때 가족들에게서 남의 집 식모살이를 하든지 바느질품팔이를 하라고 종용받곤 했다. 하지만 그녀는 포기하지 않고 작가의 길을 걸었으며 〈작은 아씨들(Little

Women)〉이라는 불후의 명작을 남겼다.

베토벤은 바이올린을 다루는 데 매우 서툴렀으며, 자신의 연주 실력을 향상시키기보다 스스로 작곡을 해서 연주하기를 더 좋아했다. 베토벤을 지도하던 음악 교사는 그가 연주하는 것을 듣고는 훌륭한 작곡가가 될 재능이 전혀 없다고 딱 잘라 말했다.

엔리코 카루소는 부모에게서 엔지니어가 되라고 강요당했으며, 담임 교사는 그의 목소리가 안 좋기 때문에 노래와는 아주 거리가 멀다고 말했다. 하지만 그는 전설적인 성악가라는 자리에 올랐다.

지금 처해 있는 상황이 암울하게 느껴진다면 지금부터 하고 싶은 일을 하는 것이 어떨까?

한 겨울에 직장에서 쫓겨난 남자가 있었다. 그의 아내는 같이 슬퍼하기보다 남편이 글을 쓸 수 있게 되리라는 사실에 더 기뻐했다. 그녀는 그 동안 모아 놓은 돈을 보여주며 그에게 책을 쓰라고 격려해 주었다. 결국 남자는 책을 쓰는데 몰입했고 소설을 냈다.

그의 이름은 나다니엘 호손이고 쓴 작품은 〈주홍글씨〉였다.

자신이 진정으로 하고 싶은 일이 있는데 현재 할 수 없다면 지금부터 그 일을 하기 위한 준비를 하자. 나다니엘 호손의 아내 소피아가 미래를 대비하면서 돈을 모아두지 않았다면 〈주홍글씨〉는 세상에 나올 수 없었을지도 모른다.

　현재 20대를 위한 책들을 읽으며 이 원고를 쓰고 있다. 내 20대는 너무도 허술하고 형편 없이 보냈지만, 이제 더 이상 힘들어하지 않는다. 20대가 있었기에 서른한 살인 나도 있었다.

　대한민국의 거의 모두가 힘들다고 아우성이다. 경기가 나빠서, 돈이 없어서, 좋은 일자리가 없어서, 빚을 너무 져서 등 행복하다고 말하는 사람은 거의 없다.

　내가 직장 생활을 했던 당시 점심시간에 식사를 마치고 돌아와 보니 이웃 책상에 앉은 사람이 한 말이 아직도 기억난다. 그녀는 텔레비전에 나와 집을 공개한 연예인을 이야기하고 있었다. 연예인의 부유한 살림을 부러워하며 자신도 그렇게 부유하다면 행복할 것이고 남에게 베풀며 살 수 있을 것이라고 말했다.

　나는 지금에서야 반대의 경우도 있을 것이라고 생각한다. 행복을 느끼기 때문에 다른 사람들에게 베풀 수 있을 것이라고. 이 책을 쓰기 위해 20대를 위한 책들, 행복을 다룬 책들, 역사서와 심리학 책, 자기계발서 등을 읽으며 행복하다고 느낀다.

　〈오프라쇼〉로 전세계적으로 유명한 오프라 윈프리는 가장 불행한 시기에 감사 일기를 쓰기 시작했다고 한다. 살아있다는 것만으로도 감사할 수 있다. 돈이 충분하지 않아서 자신이 원하는 일을 할 수 없다면 원하는 일이 있다는 것에 감사할 수 있다. 자신이 무엇을 원하는지조차 모르는 사람도 많기 때문이다.

감사일기는 감사할 일을 끌어오는 효과가 있다. 감사일기를 쓰게 된 계기는 지인이 블로그에 감사일기를 쓰는 것을 보고 쓰기 시작하였다. 지금 나는 내게 좋은 일이 일어나는 것이 감사일기를 쓰는 덕분이라고 생각하고 있다. 뜻밖의 좋은 일들이 감사일기를 쓰기 시작하면서 일어났기 때문이다.

긍정적인 시선으로 세상을 보는 사람에게 긍정적인 일이 일어난다.

자기계발서를 읽고 잠깐만 기분이 좋아지고 긍정적인 마음가짐이 생기지만 오래 효과가 나타나지는 않는 사람이 있다. 그것은 세상은 부정적인 소식을 알리고 확산시키기 때문이다.

신문이나 뉴스에서 부정적인 사건사고를 긍정적인 내용보다 더 많이 전하는 상황에서, 사람들이 불평불만을 자주 토로하는 상황에서 긍정적인 마음가짐을 가지는 것은 어쩌면 기적 같은 일일 수 있다. 그래도 해야 한다. 긍정적인 마음가짐, 자신에게 일어나는 일을 긍정적으로 기록하는 일이 자신을 긍정적으로 바라본다. 큰 성공을 거둔 사람이 쓴 자서전을 읽어보자. 그 책은 '자신은 크게 좌절하여 아무 일도 할 수 없었다.'라고 쓰며 그대로 주저앉은 사람이 쓴 것인가? 아니면 '그럼에도 나는 다시 일어날 용기를 가졌다.'라고 희망을 포기하지 않은 사람이 썼는가?

이제부터 매일매일 감사한 내용을 직접 펜을 들어 종이에 적어보자. 자신의 하루를 되돌아보면서 감사한 내용을 적어 보는 것이다.

세 가지, 다섯 가지, 열 가지도 좋다. 정말로 끔찍한 하루를 보냈다면 "오늘 이렇게 감사일기를 쓸 수 있어서 감사합니다.", "이렇게 살아 있어서 감사합니다.", 혹은 "제 손가락, 발가락이 각각 10개씩 잘 붙어 있어서 감사합니다." 라고 써보자.

감사한 내용이 아무리 사소해도 좋다. 어차피 누가 볼 것도 아니지 않은가?

자신의 시선으로 세상에서 긍정적인 면을 찾아내는 훈련은 힘든 일이 생기더라도 압도당하지 않고 당당하게 헤쳐 나갈 수 있는 힘을 길러준다.

긍정일기를 쓰면서 한 가지를 더 추가해보면 어떨까?

바로 5년 뒤에 자신이 바라는 모습을 미리 써보는 것이다.

어디서, 무엇을 하며 바라는 것을 어떻게 이룩하였는지 스스로 기록하는 것이다.

5년 뒤에 원하는 자신을 현실로 만들기 위해서는 어떻게 해야 할지 꼼꼼하게 계획해 보자.

지금 현재도 벅찬데 5년 뒤의 미래 모습을 어떻게 상상하느냐고 반문하는 사람이 있을지도 모른다. 현실이 힘들기 때문에 5년 후의 모습을 더욱더 열심히 기록하고 계획해야 한다.

지금 자신이 처한 현실에 압도되어 자신이 바라는 일을 이룰
수 없다고 생각하면 결국 원하는 것과 멀어지게 된다. 5년 뒤와
자신의 모습이 같다고 해보자. 그래도 정말 괜찮을까?

자신의 꿈을 이루기 위해 오늘 무슨 일을 해야 하는지 생각해
보자. 꿈이 있다고 말하면서 행동하지 않는 이유는 무엇일까?
무엇이 자신을 망설이게 하는지 깊이 생각해 보자.

행동하지 않는 이유는 새로운 행동을 하는 자신을 다른 사람
이 어떻게 생각할까 두렵기 때문이다. 타인의 시선으로 자신의
변화를 보기 때문에, 다른 사람이 자신을 어떻게 볼지 망설이게
된다.

기억하자. 자신의 소중한 삶을 다른 사람의 잣대로 판단해서
는 안 된다. 자신의 꿈이 소중하다고 여긴다면 5년 후 그 꿈을
이루기 위해 지금 해야 할 행동을 당장 시작해야 한다. 5년 뒤에
빛나게 될 자신의 모습을 생각하면서 하루하루를 힘차게 시작하
자. 그렇게 행동을 해나가다 보면 5년 뒤 빛나는 자신을 만나게
될 것이다.

02
5년 후 모습을 생생하게 상상하라

"상상력은 모든 것이다. 그것은 다가올 삶도 미리 보게 해준다."

아인슈타인이 한 말이다.

일본의 3대 경영의 신 중의 한 사람인 이나모리 가즈오는 어린 시절 결핵을 앓았다.

집안사람들 중에 결핵으로 사망한 사람과 가족들과 떨어져 치료를 받고 있는 사람이 있었기에 자신도 죽을까 두려워했다. 완전히 기가 꺾인 그는 구원을 찾기 위해 한 동안 종교 서적을 읽었다고 한다. 그런 책을 읽으면서 '재앙은 자신의 마음이 불러들인다.'는 사실을 알게 되었다고 말한다.

재앙이 자신의 마음 때문에 오는 것이라면 행운도 자신의 마음 덕분에 올 수 있다.

20대인 당신이 처한 상황이 어렵다 하더라도 긍정하는 마음을 잊지 말아야 한다.

<20대 여자를 위한 자기발전 노트>를 쓴 윤정은 작가는 자신이 되고 싶은 모습을 상상할 때면 심장이 요동칠 만큼 짜릿한 전율을 느낀다고 말한다. 그녀는 상상할 때 자신이 되고 싶은 모습과 가고 싶은 상황들, 만나게 될 사람들까지 세세하게 상상을 한다고 이야기한다. 윤정은 작가는 꿈이 인도해야 할 장소와 상황과 냄새까지도 상상해야 한다고 말한다.

간절한 소원은 자신만 아니라 주변의 다른 사람, 하늘까지도 움직인다.

꿈에 미쳐있다면 행동할 수밖에 없다. 자신의 꿈에 매료되어 꼭 이루고 싶은 사람이라면 그 꿈만 생각하며 그 꿈을 이루는 데 필요한 행동을 하게 된다.

자신을 둘러싼 모든 일이 생각한대로, 마음먹은 대로, 혹은 자신의 말버릇대로 이루어진다는 사실을 안다면 생각과 말을 조심하게 될 것이다.

당신의 말버릇을 점검해 보자. 당신은 '죽겠다', '힘들다'라는 말을 반복해서 말하고 있지 않은가? 그렇다면 감사하다는 말을 수시로 해보자. 아주 사소한 일이라도 감사할 때 감사할 일은 더 많이 일어난다.

5년 뒤의 자신이 처한 상황이 더 나아지기를 바란다면 꿈꾸어 보자.

5년 뒤에 자신은 어디에서 무엇을 하며 어떤 사람들과 함께

할 것인지 생각하고 생각한 것을 기록하며 기록한 것을 수시로 보자. 그리고 그것을 위해 지금 해야 하는 일은 무엇인지 자세히 써보자.

나는 내가 간 길을 먼저 간 사람의 책을 읽으면서 나도 할 수 있다는 믿음을 굳힌다.

대형서점에 가면 성공을 거둔 사람들의 책을 볼 수 있다. 자신이 원하는 분야에 성공을 거둔 사람들의 책을 읽어보자. 앞서 간 사람들의 고민과 그것을 어떻게 극복했는지 알 수 있다.

우리나라 사람들은 어린 시절에 책을 많이 읽지만, 점점 자랄수록 책을 멀리한다는 신문 기사를 읽은 적이 있었다. 고등학교에 다닐 때가 되면 학생들은 오직 한 가지 종류의 책만 본다. 바로 수능과 내신을 향상시키기 위한 문제집이다.

좋은 대학을 가는 것이 유일한 목표이기 때문에 다른 책을 읽을 시간이 없다는 말을 한다.

아니, 다른 사람도 다 수능과 내신 공부에 열심인데 어떻게 다른 책을 읽을 수 있는가 하고 생각하는 것 같다. 10대일 때는 좋은 대학에 입학하는 것 외에 다른 생각을 할 틈이 없는 것처럼 보인다.

작가라는 꿈은 내게 우연히 다가왔다.

이전의 나는 그저 책을 읽는 것으로 만족했다. 그러던 중 갑자기 책을 쓸 수 있지 않을까 하는 생각을 했다. 그 뒤 나는 책쓰는 법을 다룬 책을 거의 다 구입해 읽었고, 내 책을 읽어줄 사람이 누구인가를 생각했다. 내 초라한 20대를 이야기하면서 현재 20대들에게 나처럼 살면 후회한다는 이야기를 하고 싶었다. 꿈 없이 적당히 시간만 때우다가는 시간을 되돌릴 수도 없고, 후회만이 남는다는 이야기를 꼭 하고 싶었다.

〈내 인생 5년 후〉를 보면 대기업에서 5000명이 명예퇴직을 했다고 한다. 퇴직한 사람들은 치킨집을 열었다고 한다. 불행하게도 절반은 창업에 실패하고 가게 문을 닫았다고 한다.

2년 만에 자신이 평생을 모아온 돈이 날아갔다고 생각해보자. 그 가족들은 어떻게 해야 하는 것일까? 5년 뒤를 생각하지 않는다면 갑작스럽게 닥쳐온 위기에 제대로 대처하지 못하고 어려운 처지에 빠지게 된다.

〈내 인생 5년 후〉를 쓴 하우석 작가는 지금부터 5년 후의 인생을 계획할 때는 지금보다 좀 더 나은 삶이 목표가 되어서는 안된다고 말한다. 떠올릴 때마다 가슴이 뛰고 피가 끓는 담대한 목표를 가져야 한다고 조언한다. 우리가 실패하는 가장 큰 이유는 능력이 초라해서가 아니라 목표가 보잘 것 없어서라고 말한다.

목표가 보잘 것 없는 것뿐만 아니라 다른 사람이 하는 대로 하는 것도 문제이다.

사람들은 생각하는 대신 남들이 하는 대로 따라하는 것이 인생을 사는 데 가장 도움이 된다고 생각하는 것 같다. 남들이 하는 대로 공부해서 대학을 가고, 학점을 따고 스펙도 쌓아놓고 직장에 다닌다. 직장에서 남들이 하는 대로 열심히 일한다. 그러다가 갑자기 회사 사정이 안 좋아졌으니 나가달라는 말을 듣는다. 다른 사람들이 하는 대로 치킨집, 편의점, 피자집 등을 한다. 몇 년 안 되어 장사가 안 되어 문을 닫는다. 그 때부터 경제상황은 더욱 더 악화된다.

이런 상황을 극복하기 위해서라도 자신이 진정으로 원하는 것을 해야 한다.

남들이 하는 대로 한다면 다른 사람의 실패를 자신이 반복하는 것밖에 되지 않는다.

"성공이란 단순히 돈에 관련된 것이 아니다. 성공이란 자신이 꿈꾸는 삶을 영위할 수 있는 능력과 힘을 축적하는 것이다." 피트 자프라가 한 말이다.

성공하고 싶다면 우선 왜 성공하고 싶은지 알아야 한다.

당신은 무엇을 위해 성공을 원하는가? 경제적으로 여유 있는 삶을 살고 싶어서? 자신의 인생을 스스로 개척하고 싶어서? 다른 사람들이 부러워하는 삶을 살고 싶어서?

성공하고 싶다면 다른 사람들의 시선에서 잠시 벗어나 있어야 한다. 예전과 똑같은 사람과 만나면서 자신이 처한 상황을 불평만 한다면 아무것도 이룰 수 없다. 불평을 줄이고 5년 뒤 자신이 원하는 진정한 삶을 살기 위해 노력해야 한다.

<카네기 명언집>에는 다음과 같은 말이 나온다고 한다.

"끈기만 있다면 자투리 시간을 활용하여 큰 성과를 얻어낼 수 있다. 무가치한 일에서 하루 한 시간씩만 떼어 유익한 일에 활용한다면, 평범한 능력을 가진 사람도 한 분야쯤에는 정통할 수 있다."

지금 자신이 처한 처지가 너무 초라하게 느껴진다면 5년 뒤의 초라한 당신을 용납해서는 안 된다. 자신이 쓰는 시간을 쪼개어 자신이 진짜 하고 싶은 일을 시작하라. 직장을 다니고 있다면 자신의 월급에서 일부를 떼어내어 당신이 진짜로 하고 싶은 일을 시작하라.

나는 정말 운이 좋게도 내가 하고 싶은 일인 책쓰기를 하고 있다. 물론 마냥 쉬운 일도 아니고 항상 즐거운 일도 아니다. 하지만 이런 일을 하면서 내가 정말 살아있다는 것을 느낀다. 바로 두 번째 책이 머지않아 세상에 나올 것이라고 믿기 때문이다. 20대의 초라한 나였지만 30대에는 내가 원하는 일을 할 수 있으리라고 믿는다.

이렇게 목표를 세우고 그 목표를 이루기 위해 실행한다면 행복감을 느낄 수 있다. 자신을 믿을 수 있기에 자존감도 높아진다. 나는 이 원고를 쓰기 위해 아침 6시 반에 일어나 두 시간째 이 원고를 쓰고 있다. 이 책을 완성한 뒤에는 전에 목표를 세웠다가 잠시 미뤄둔 4년 동안 1만 권 독서를 다시 시작할 것이다.

20대 시절 나 자신을 믿을 수 없었던 것도 미래를 위한 계획을 세우지 않았기 때문이다. 책을 읽어도 계획을 세워서 읽지 않았기 때문에 그저 많이 읽은 것에서 만족했다. 지금은 원하는 것이 있기 때문에 스스로 계획을 세워서 한다.

자신의 인생을 자신이 주도하고 싶다면 5년 뒤에 자신이 바라는 모습을 분명히 그리고 자신이 원하는 것을 하기 위해 어떤 일을 해야 하는지 생각하라. 그 일을 어떻게 이룰 것인지 계획을 세워보자. 그 계획이 당신을 긍정적인 방향으로 이끌 것이다.

왜 목표를 세워야 하는 것일까? 그것은 당신의 명확하지 않은 꿈을 분명하게 그리게 해 주고, 목표를 세움으로써 자신이 어떻게 행동해야 할지 알려주기 때문이다.

5년 뒤에도 초라한 자신의 모습을 용납할 수 없다면 5년 뒤 자신이 바라는 모습을 글로 쓰고 그 꿈을 이루기 위해 계획을 세우고 지켜나가자.

앞서 성공을 거둔 사람들은 목표를 글로 적는 습관이 있었다. 당신은 무엇을 어떻게 이루고 싶은가? 꿈은 다른 사람들만 이루는 것이 아니다. 바로 꿈꾸고 그 꿈을 실현하기 위해 행동하는 당신에게 성공이 다가온다.

"책을 많이 읽는다고 반드시 성공하는 것은 아니지만, 성공한 사람은 책을 많이 읽는다."

"사람들을 이끄는 사람(Leader)이 되려면, 반드시 독서가(Reader)가 되어야 한다."

자기계발서를 읽는 사람이거나 성공하는 일에 관심이 있는 사람이라면 한 번쯤 들어봤을 말이다.

책을 별로 읽지 않다가 이제 막 독서를 시작하려는 사람들이 가끔 내게 물어본 적이 있었다.

"책 읽는 속도가 느린데 어떻게 해야 빨리 읽을 수 있나요?"
"어떤 책부터 읽어야 할까요?"
"책 읽는 순서가 따로 있나요?"

나는 이렇게 대답하고 싶다.

독서에 익숙하지 않은 사람이 책 읽는 속도가 느린 것은 당연하다. 막 걸음마를 시작한 아기에게 마라톤을 시작하라고 하는 사람은 없다.

책읽기를 막 시작하고 싶다면 우선 자신이 조금이라도 좋아하는 책을 고르라고 말하고 싶다. 만화책이어도 좋다. 만화책을 보면서 느낀 점은 만화가들이 참 많은 것을 공부하는구나 하는 생각이었다. 온갖 만화들이 쏟아져 나오면서 경쟁이 치열한 것이 그 원인이 아닐까 추측한다.

몇 년 전에 나는 〈먼 나라 이웃나라〉로 유명한 이원복 교수가 그린 만화를 읽으면서 철학을 조금씩 알기 시작했다. 철학 자체가 어려운 것은 사실이지만 최소한 낯설지 않고 싶다는 바람에서 읽었다.

독서를 제대로 하지 않아 기초가 없다고 느낀다면 아주 얇은 책, 혹은 글자가 크고 그림이 있는 책부터 시작하는 것이 어떨까? 독서를 처음 시작하고자 한다면 우선 책에 흥미를 붙이는 것이 가장 중요하다. 생각해보자. 이 세상에는 독서 외에도 시간을 보낼 수 있는 것이 너무 많다. 스마트폰으로 SNS 사이트 돌아보기, 카톡으로 친구들과 수다 떨기, 주말이면 드라마 몰아서 보기, 스마트폰으로 게임하기, 친구들과 치맥 한 잔 하기 등.

그런 강렬한 유혹보다 책 읽기에 흥미를 들이려면 따로 노력을 기울여야 한다.

대형서점에 가서 독서를 주제로 한 책을 읽어보는 것은 어떨까?

독서법을 다룬 책이 많다. 작가마다 추천하는 책도 다르다.

얇고 그림이 있는 책, 혹은 현재 자신이 처한 문제에 조언을 해주는 책부터 시작하는 것이 좋다. 직장 내의 사악한 악당에게서 내 멘탈을 지키고 싶다면, 직장 내 인간관계를 다룬 책을 읽어보면 어떨까? 직장에서 매일매일 겪고 있는 고통이 나 혼자만이 겪고 있는 큰 사건이 아니라는 사실을 알게 된다면 아주 조금이라도 위안이 되지 않을까? 다른 사람도 겪고 있는 문제라면 반드시 또 다른 어떤 사람이 해결책을 제시하는 책을 냈을 것이다. 수요가 있으니 공급이 따르는 것은 당연하다.

만화책, 쉬운 책 등을 한 권 한 권 읽기 시작하면 언제부터인가 좋아하는 작가가 생긴다.

독서를 처음 시작하는 사람이 가장 많이 걱정하는 것 중 하나가 자신이 읽는 속도가 너무 느리다는 것이다. 속독법을 배워야 하는 것인지 물어보는 경우도 있었다.

하지만 나는 자신의 속도를 유지하라고 권하고 싶다. 독서 초보자가 책을 빨리 읽는 데에만 집중하면 책을 다 읽고 나서 남는 것이 없어지고 만다. 책을 읽다보면 읽는 속도가 저절로 빨라진다.

한 때 나도 책을 하루에 몇 권 읽겠다고 결심하고 속도를 내서 읽은 적이 있었다. 그 경우 책을 읽고 남는 것이 없었다.

속도에 집착하다보니 책을 읽어도 남는 것이 없었고 시간을 낭비한 것 같은 느낌이 들었다. 그래서 나는 다시 책을 읽다 마음에 드는 구절을 종이에 적는 방법으로 돌아갔다.

나는 몽테스키외가 말한 "나는 독서 한 시간을 했는데도 극복하지 못할 슬픔을 알지 못한다."는 말을 좋아한다. 독서에는 마음을 안정시키는 작용이 있는 것이 있다는 생각이 든다.

자신이 쉬운 책을 읽는다고 다른 사람이 자신을 무시하지 않을까 하는 생각을 하는가?

나는 쉬운 책을 읽는 사람이 무시당해야 하는 것이 아니라 책을 읽지 않으면서 책 읽는 사람을 비웃는 사람이야말로 무시당해야 한다고 믿는다.

우리나라에서 가장 바쁜 사람들 가운데 한 부류가 바로 대기업 임원들이 아닐까 하는 생각이다. 많은 봉급과 높은 지위로 사람들의 부러움을 사는 이들이야말로 열심히 공부하는 사람들이다. 얼마 전 교황님께서 방한을 하셨을 때 어느 대기업의 임원들은 '교황의 리더십'이라는 주제로 특강을 들었다는 기사를 보았다. 그 기사를 보았을 때 '임원들은 정말 열심히 배우는구나.'하는 생각이 들었다.

잘나가는 사람들은 열심히 배우려 든다. 뛰어난 실력을 갖추었으면서도 자신을 위해 더 열심히 공부한다.

며칠 전에 대기업 신규 채용이 있다는 소식을 듣게 되었다. 인문학적인 소양도 채용 평가에 들어간다는 말을 들었을 때 이제 '신입사원들도 인문학을 공부해야 하겠군. 스펙 하나 더 들어야겠네.'하는 생각이 들었다.

그런데 신입사원들의 인문학적 소양을 평가하는 사람들도 인문학을 알고 있는 사람들이 아닐까? 자신이 모르는 분야를 평가하기란 쉬운 일이 아니기 때문이다. 이런 말을 하기에도 부끄럽지만, 나도 인문학적 소양이 부족하다.

문학, 역사학, 철학이 인문학을 떠받치는 세 기둥이다. 나는 이 중에서 역사학에 조금 관심을 두고 열심히 책을 읽은 적이 있었다. 그래서 다른 사람들이 사극을 보면서 이해하지 못하는 역사지식을 물으면 잘 대답하는 것이 내 역사 지식의 전부이다.

고등학교 2학년 때 윤리를 배우는 시간이었다.

윤리 선생님이 서양 철학사를 칠판에 적으며 설명을 하셨다. 그 수업이 끝났을 때 나는 '실존주의 철학'을 알고 싶었다. 도서관에 가서 '실존주의 철학자' 중의 한 사람인 키에르케고르가 쓴 〈죽음에 이르는 병〉을 야심차게(?) 읽기 시작했다. 결국 나는 한 장도 제대로 이해하지 못하고 책을 덮어야 했다.

너무 어려워서 이해하지 못했기 때문이다.

인문학적 소양을 키워야 한다는 부담감에 독서를 하는 즐거움을 미처 깨닫기도 전에 독서를 중단하는 사람이 있을 것이다.

확실히 서양철학은 너무 어렵다. 키에르케고르 사건 이후 나는 철학책 하면 너무 딱딱하고 어려운 책이라는 생각을 하게 되었다.

이런 내 인식이 바뀌기 시작한 것은 이지성 작가가 쓴 〈리딩으로 리드하라〉를 읽고 나서이다. 그 이후 철학을 공부해야겠다는 생각을 하고 동양철학인 〈한비자〉를 읽기 시작했다. 많이 생각하게 해주는 책이었다. 다음에는 〈논어〉도 읽을 계획을 세우고 있다.

운전을 잘 하기 위해서는 시간을 들여 연습을 해야 하듯이 독서할 수 있는 능력도 연습을 해야 한다. 그 방법은 바로 책을 많이 읽는 것이다. 만약 당신이 독서를 하고 싶은 초보자라면 이지성, 정회일 작가가 쓴 〈독서 천재가 된 홍 대리 1〉을 한 번 읽어보라고 권하고 싶다. 책 뒤에 추천서적들이 나온다. 김병완 작가가 쓴 〈기적의 인문학 독서법〉도 부록에 추천도서 목록이 있다.

당신이 독서 초보자라면 당신이 원하는 책부터 우선 마음껏 읽어 보는 것이 중요하다.

앞서 말했듯이 독서 초보자에게 가장 중요한 것은 독서가 재미있다는 것을 깨닫는 것이기 때문이다. 인문학적 소양을 키워야 한다며 무작정 어려운 철학 고전을 읽는 것보다 자신이 직접 선택한 책을 읽는 것이 독서를 하면서 즐거움을 느끼게 될 것이다.

이 책을 쓰면서 나는 꽤 많은 책을 읽어야 했다.

어려운 일을 하면서 의욕을 잃지 않기 위해서는 자신만의 이유를 찾아야 한다.

다른 사람이 비웃어도 꿋꿋하게 버틸 수 있는 그런 이유가 있는가?

그런 이유가 있을 때 당신의 독서는 더욱 굳건해지고 나날이 성장하게 될 것이다.

읽고 싶은 책을 구해서 손에 쥐고 있다. 그 다음 해야 하는 것은 무엇일까?

우선 목차를 살펴보자. 당신의 시선을 끄는 소제목이 있는가? 순서대로 읽지 않고 시선이 가는 부분부터 먼저 읽어도 된다. 독서를 하는 것은 시합이 아니다. 자신이 원하는 부분부터 읽고 다음 장으로 넘어가도 된다.

어떤 사람들은 내게 특별한 독서법이 있느냐고 묻기도 한다.

하지만 유감스럽게도 내게 특별한 독서법이 없다. 굳이 말하자면 때로는 내가 읽고 싶은 부분부터 다 읽고 다음 부분으로 넘어가거나 표지와 제목에 낚여서 구입해 읽기도 한다.

표지와 제목에 낚여서 사서 읽었을 때 '정말 형편없는 책에 낚였네.'하고 후회하기도 한다. 자신이 고른 책이 재미없다고 독서를 포기하고 싶을지도 모른다. 하지만 자신의 마음에 드는 책을 고르는 것이야말로 독서의 시작이다. 한 번 읽기 나쁜 책을 골랐다고 해서 포기하지 말고, 자기 마음에 드는 책을 고를 때까지 계속해서 시도해보자. 그러면 자신의 마음에 드는 책을 고를 수 있는 능력을 갖추게 되고 진정한 재미를 느낄 수 있게 될 것이다.

내 경우 어린 시절에는 동화를, 조금 커서는 역사책을, 20대 동안에는 사회학, 심리학, 자기계발서를 주로 읽었다. 서른 살이 된 지금은 자기계발서와 인문학 서적의 균형을 맞추려 노력하고 있다.

자신의 책 읽는 능력이 남들보다 떨어진다고 좌절하거나 슬퍼하지 말자. 그 동안 책을 멀리했을 뿐이다. 아기가 걸음마를 할 때 잘 걸을 수 있을 때까지 노력하고 연습했듯이 당신도 열심히 책을 읽으면 된다. 그렇게 되면 독서하는 즐거움과 함께 실력도 키울 수 있을 것이다.

04 가슴 속에 어떤 꿈을 품고 있는가?

지금 어떤 꿈을 가슴 속에 품고 있는가? 세상을 놀라게 할 큰 업적을 세운 사람들은 모두 꿈을 가지고 있었다.

스티브 잡스는 우주조차 감동할 제품을 만드는 꿈을 가슴 속에 품고 있었다고 한다. 이 꿈을 이루기 위해 그는 완벽함을 몇 번이고 강조했고 실제로 많은 사람들이 감탄하는 IT 제품을 만들었다.

스티브 잡스와 어떻게 자신을 비교할 수 있느냐고 반문할 수도 있다. 자신은 너무 평범하기 때문에 세상을 놀라게 할 생각은 없다고 할 수 있다. 하지만 스스로가 평범하다고 생각한다면 그 생각의 틀에 갇혀 살 수밖에 없다.

나는 어떤 사람이든 잘할 수 있는 한 가지 분야가 있다고 믿는다. 자신을 평범하다고 평가하는 사람들의 말을 믿지 말자. 어느 것이든 한 가지 스스로가 자신 있는 분야에 뛰어들어 보자.

어떤 사람이든 한 가지 잘할 수 있는 것은 있다.

빈센트 반 고흐는 지금은 세계적인 화가이지만 그가 27살 때 미술을 하겠다고 가족들에게 말했을 때 그들은 고흐에게 회의적인 반응을 보였다. 고흐의 가족들은 그가 미술로 성공을 거둘 수 있을 것이라고 생각하지 않았다.

고흐는 전문적인 미술 교육을 받지 않았다고 한다. 하지만 무려 2000여 점 이상의 작품을 남겼다. 그 결과 그는 사후에 훌륭한 화가로 인정을 받게 되었다.

자신이 원하는 것을 있다면 끝까지 보자. 다른 사람이 할 수 없다고 할수록 스스로가 치열하게 그 일을 함으로써 다른 사람이 틀렸다는 것을 증명해 보는 것은 어떨까?

남과 다른 삶을 살 용기가 있다면 지금 시작해야 한다.

사람들은 내일 하겠다고 결정을 미룬다. 하지만 그럴수록 그 일을 해내겠다는 의지는 약해지고 만다. 사람들이 하고 싶은 일을 하지 못하는 이유는 그 일을 해서 성공하지 못할까 두려워하기 때문이다.

당신이 원하는 꿈이 남들이 미처 생각하지 못한 독특한 것인가? 그 일을 한다면 스스로에게 있는 강점을 발휘할 수 있는 것인가?

큰 성공을 거두기 위해서는 자신에게 있는 강점을 발휘해야 한다. 인간의 재능과 강점을 주제로 200명 이상을 인터뷰하고 연구해온 마커스 버킹엄 박사는 다음과 같은 결론을 내렸다.

"큰 성공을 거둔 사람들과 조직은 모두 약점이 아닌 강점에 집중하여 그것을 극대화하고 최대한 활용했다."

우리나라의 학교는 학생들에게 강점을 키우고 발전시키는 데 도움이 되지 않는다. 오히려 모든 과목에 고르게 높은 점수를 받는 학생들을 높이 평가한다.

학교에 다닐 때 성적이 좋지 못했다고 해서 당신의 장점이 없는 것이 아니다. 스스로를 얼마나 알고 있다고 생각하는가? 자신의 강점을 알고 있는가?

노자는 다음과 같은 말을 했다.

"다른 사람을 아는 것은 현명하다. 그러나 자신을 아는 사람이 더욱 현명한 사람이다. 다른 사람을 이기는 사람은 강하다. 그러나 자신을 이기는 사람은 더욱 강하다."

〈독특함에 미쳐라〉를 쓴 김병완 작가는 강점에 집중해야 하는 이유를 다음과 같이 말한다.

"강점에 집중해야 하는 이유 중에 하나는, 강점을 발견하고 그것에 집중하고 발휘하는 사람은 인생이 즐거울 수밖에 없기 때문이다. 강점을 발견한 사람은 누구보다 그 분야 또는 방법에서 최고가 될 확률이 높다. 강점을 발견하고 집중하는 과정에서 자신을 넘어서는 희열을 맛본다. 또한 몰랐던 자신의 새롭고 멋진 모습을 발견하여, 자긍심이 높아진다. 그것은 오롯이 자신감이 되고, 그러한 자신감은 어떠한 실패와 시련에도 흔들리지 않는다. 그 결과 아무리 많은 실패와 시련 앞에서도, 또다시 도전할 수 있는 힘을 가진다."

나 또한 강점을 발견하여 그동안 몰랐던 새로운 점을 발견했다. 어릴 때부터 책을 좋아했던 나는 사람들과 어울리는 일보다 혼자 책을 읽는 것을 즐겼다. 작가가 꿈이라고 막연하게 생각했는데 실제로 책을 쓰게 되면서 나는 스스로에게 놀라게 되었다. 책을 쓰기 전에는 나 자신이 열정이 있는 사람이라고 생각하지 않았다. 오히려 다른 사람들은 달려가는 데 혼자서 반대방향으로 걸어가고 있는 형편없는 사람이라고 생각했다. 올해 1월에 내가 쓴 첫 번째 책이 나오기 전까지 나는 미친 사람처럼 책을 읽고 책을 썼다. 어머니께서도 내가 미쳐 있는 줄 알았다고 하실 정도였다. 첫 번째 책이 나오고 나서야 그 동안 스스로를 무시하고 낮게 평가한 것이 잘못된 일이라는 것을 인정하게 되었다.

이 책은 두 번째 책이다. 첫 번째 책을 쓸 때보다 조금 더 즐기면서 쓰게 되었다. 책을 읽고 쓰는 일이 스스로의 강점이라는 사실을 발견하고 나서 나는 다른 인생을 살게 되었다.

당신은 어떤 강점이 있는가?

스스로에게 강점이 있다고 알고는 있지만 그 강점을 강화하는 일이 두렵게 느껴지는가?

나는 그 일을 할 용기가 없다고, 새로운 시작을 하는 일이 너무나 무섭다는 생각이 드는가?

콜로라도 계곡에 서식하는 독수리들이 둥지를 지을 때 쓰는 나무에는 매우 날카로운 가시가 무성히 돋쳐 있다고 한다. 그래서 둥지를 지을 때 새끼들이 찔리지 않도록 가지를 잘 포갠 다음에, 나뭇잎, 깃털, 풀을 켜켜이 쌓아 부드럽게 만든다.

새끼들이 독립할 때가 되면 어미 독수리는 본능적으로 그 부드러운 자리를 치워 버린다. 가시에 이리 찔리고 저리 찔리던 새끼들이 참다못해 둥지 밖으로 기어 나갈 때를 기다리는 것이다.

일단 새끼들이 둥지 밖으로 탈출하는 데 성공하면 어미는 새끼를 벼랑 끝으로 유인한다. 새끼들이 벼랑 아래로 수직 낙하하면, 어미는 쏜살같이 물어 올리고 다시 떨어뜨리기를 반복한다. 이렇게 해서 새끼 독수리는 큰 날개를 펴고 하늘을 나는 법을 배우게 된다.

새로운 도전을 감행할 시기가 온다면 모든 사람에게는 생존하고 적응할 능력이 있다는 것을 기억하길 바란다.

스스로의 강점을 발견하고 그 강점을 더욱 강하게 만든다면 당신은 성공할 수 있을 것이다.

당신은 강점을 발휘하게 된다면 어떤 것을 이룰 수 있다고 생각하는가?

어린 시절 가장 잘하는 것은 무엇이었나?

바라는 것이 있다면 그것을 종이에 적어서 분명히 할 수 있다고 스스로에게 선언해야 한다.

코미디 배우로 유명한 짐 캐리가 배우라는 꿈을 품고 미국으로 왔을 때 그는 큰 좌절을 맛보아야 했다. 무명배우로서 살고 있던 그는 더 이상 이대로 살 수 없다는 것을 깨닫고 무작정 할리우드에서 가장 높은 언덕으로 올라갔다. 그러고는 그곳에서 수표책을 꺼내 적요란에 '출연료'라고 적고 스스로에게 천만 달러를 지급했다. 그는 이 수표를 5년 동안 지갑에 넣고 다녔다.

정확히 5년 뒤에 짐 캐리는 '덤 앤 더머'와 '배트맨'의 출연료로 예전에 스스로에게 지급했던 금액보다 훨씬 더 많은 1700만 달러를 받았다. 그것을 기점으로 그는 세계적인 배우로 인정받게 되었고 영화 한 편당 2천만 달러를 받는 배우가 되었다.

현재 자신의 모습이 초라하다고 해서 결코 자신의 강점을 포기해서는 안 된다.

당신의 강점이 스스로를 가장 강하게 빛내줄 수 있는 소중한 보물이기 때문이다. 스스로에게 있는 강점을 인정하고 받아들일 때 성공으로 가는 길이 시작될 수 있다.

요즘 기업들은 자신의 강점만 남겨두고 약점은 다른 기업에 위탁한다. 강점에 집중할수록 사람들에게 독특한 인상을 줄 수 있고, 성공할 수 있다는 것을 알고 있기 때문이다.

핀란드의 유명한 기업 노키아는 원래 목재, 고무가 주 업종이었다. 그 업종에서 성공을 거두었을 때 노키아는 한 가지 모험을 하게 된다. 바로 IT 산업에 도전하는 일이었다. IT 산업에서 성공을 거두기 위해 노키아는 17년 동안이나 적자를 내는 대가를 지불해야 했다. 하지만 결국 노키아는 세계적인 IT 기업으로 성장할 수 있었다. 비록 지금은 IT 산업에서 다른 기업에 밀리고 있지만 한 가지 기억해야 할 일이 있다.

바로 지금 성공을 거둔 일이라 할지라도 언제든지 다른 사람에게 밀릴 수 있다는 사실이다. 자신이 한 번 성공을 거두었다 해도 그 성공이 영원할 수는 없다.

한 번 거둔 성공에 새로운 도전을 게을리 한다면 곧 다른 사람에게 밀리고 잊히게 될 것이다.

당신이 간절히 바라고 있는 것이 있는가? 그것을 종이에 적었는가? 그것을 이루기 위해서 당신은 지금 어떤 노력을 기울이고 있는가? 그 일을 이루고는 싶지만 너무 어렵다고 느껴지는가? 그럴수록 당신은 변화하기 위해 행동해야 한다.

월스트리트의 유명한 성공 투자자였던 존 템플턴은 이런 말을 했다.

"변화하기 위한 작은 시도가 행복하고 성공하는 삶을 가져온다. 열린 마음으로 변화를 시도하라. 새로운 것을 배우려고 마음을 열 때 비로소 성장은 시작된다."

당신은 몸만 어른인가? 아니면 꿈을 이루기 위해 행동할 줄 아는 진정한 어른인가?

존 템플턴이 말하는 목표 성취에 적용할 수 있는 규칙 다섯 가지는 다음과 같다.

1. 목표를 모호하지 않게, 구제적인 표현으로 정리하라
2. 당신의 목표를 상세하게 글로 적어라
3. 그것을 매일 반복해 읽고 마음에 새겨라
4. 목표와 관련된 일은 무엇이든지 배워라
5. 기회가 올 때 최선을 다해 매달려라

당신의 목표는 구체적인가?
당신에게 한 가지 묻고 싶다.

나는 다이어트를 할 거야.
나는 영어를 잘하게 될 거야.
나는 부자가 되기 위한 준비를 할 거야.

이 문장이 목표가 될 수 있을까?
위에 있는 말들은 막연히 바라는 것일 뿐 목표가 될 수는 없다.
만약 이렇게 마음먹는다면 아무 것도 이룰 수 없다.
목표를 세우기 위해서는 SMART 법칙이 필요하다.

구체적인(Specific), 측정 가능한(Measurable), 달성 가능한(Attainable), 결과 지향적인(Result-based), 마감 시한이 설정된(Time-bound) 목표를 세워야 이룰 수 있다.

그렇다면 위에 있는 말들을 목표로 바꾸어 보자.

나는 다이어트를 할 거야.

➪나는 6개월 동안 매일 한 시간씩 헬스클럽에서 운동을 해서 6kg을 감량할 거야.

나는 영어를 잘하게 될 거야.

➪나는 1년 안에 토익 900점 이상을 받을 거야.

나는 부자가 되기 위한 준비를 할 거야.

➪나는 3년 동안 1천만원을 모을 거야.

구체적으로 당신의 목표를 정하고 스스로에게 있는 강점을 키워나간다면 당신의 꿈도 머지않아 이루어질 것이다.

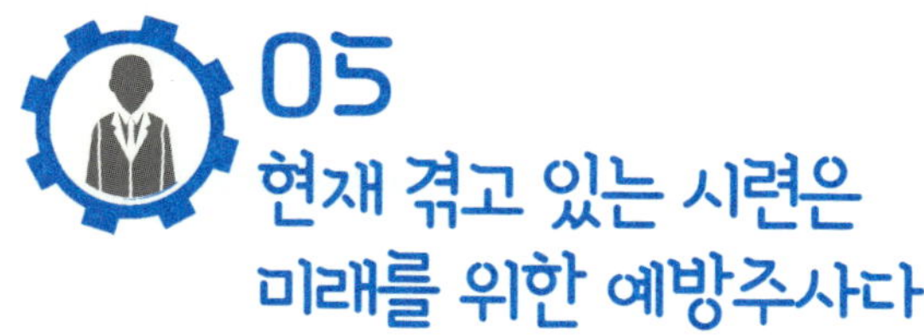

사람마다 고통을 느끼는 순간이 다르다. 어떤 사람이 고통을 느끼는 일에 다른 사람은 전혀 고통스러운 체험이 아니었다고 말하는 일도 있다.

빅터 프랭클은 유대인이라는 이유로 강제 수용소에 갇힌 사람이었다.

수용소에서 고통스러운 시간을 보내고 있는 그는 자질구레한 문제들을 생각하다가 문득 '다른 생각'을 하기로 결심한다.

다른 생각을 하기로 한 뒤에 빅터 프랭클은 상상 속에서 불이 환하게 켜진 따뜻하고 쾌적한 강의실에 앉아 있었다고 말한다. 그는 강제수용소에서 겪었던 심리 상태를 주제로 강의하고 있었던 것이다.

이런 생각을 하게 되면서 빅터 프랭클은 어느 정도 자신이 처한 상황과 순간의 고통을 이길 수 있게 되었다고 고백한다. 그는 스피노자가 한 말을 인용한다.

"감정, 고통스러운 감정은 우리가 그것을 명확하고 확실하게 묘사하는 순간에 고통이기를 멈춘다."

빅터 프랭클은 어떤 사람이 자신의 미래를 믿지 않게 되었을 때 불운한 처지에 빠지게 된다고 말한다.

더 이상 미래를 믿지 않게 되면서 정신력도 상실하게 된다고 이야기한다.

이런 상황에 처한 사람은 자기 자신을 퇴화시키고 정신적으로나 육체적으로 퇴락의 길을 겪게 되었다고 경고한다.

지금 자신이 감옥에 갇혀 있는 듯한 기분이라면 자신이 진정으로 원하는 상황을 상상해보자.

언제, 어디에서 무엇을 하는 것이 자신에게 가장 기쁜 일이겠는가?

현재 처한 상황에서 자신이 아무 것도 할 수 없다는 무력감을 느낀다면 자신이 원하는 상황을 집중해서 생각해 보라.

끌어당김의 법칙을 아는가?

우리가 무엇이든 적극적으로 원하는 것에 집중하면 그것은 정말로 이루어진다는 법칙이다.

반대로 원하지는 않지만 자꾸 그것을 의식하고 생각만 해도 그 일이 현실이 된다.

긍정적인 생각이든 부정적인 생각이든 자꾸 어떤 것에 생각을 집중하면 끌어당기게 되기 때문이다.

〈서른 살이 심리학에게 묻다〉를 쓴 김혜남 정신분석 전문의는 실제로 자신이 책을 쓰게 되면서 비슷한 상황을 겪었다고 말한다.

몇 년 전에 자신이 사랑을 주제로 책을 쓸 때 사랑을 주제로 한 온갖 책과 논문을 읽고 원고를 쓰면서 보냈는데, 신기하게도 그 무렵 사랑 문제로 고민하는 환자가 부쩍 늘었다고 한다. 심지어 70살이 넘은 노인까지도 자신의 사랑문제로 상담하러 왔다고 한다.

다음 해 우울함을 주제로 책을 쓸 때도 김혜남 정신분석 전문의가 우울에 몰두하자 이번에는 우울함을 호소하는 환자들이 몰려들었다고 말한다.

김혜남 전문의는 행복하기 위해서는 불행하기를 원치 않는 것만으로는 부족하다고 말한다.

불행하지 않으려는 마음에만 몰두하게 되면 불행을 피하는 데 모든 힘을 쏟게 된다고 경고한다.

반면 행복하기를 바란다면 우리 눈에 행복해질 수 있는 길이 보이게 된다고 조언한다.

많은 성공담을 듣는 일은 무슨 의미가 있을까?

김혜남 전문의는 실패가 아니라 실패함으로써 무엇을 배우고 앞으로 나아가느냐가 중요하다고 말한다.

또한 작은 실패는 큰 실패를 막아준다고 말한다. 실패한 경험이 전혀 없는 경우 나중에 걷잡을 수 없는 큰 실패에 직면하게 될지도 모른다는 이유에서다.

힘든 시기를 보내고 있을 경우 무엇을 하며 시간을 보내면 가장 좋을까?

〈인생에서 가장 소중한 것은 서점에 있다〉를 쓴 센다 타쿠야는 힘든 시기에 우리가 할 수 있는 일은 독서 만한 것이 없다고 말한다.

그는 독서는 그 자체로 해결책을 주기도 하지만, 책을 읽어두는 것만으로도 다른 이들과 똑같은 어려운 상황에 처했을 때 쉽게 굴복하거나 나약해지지 않는 무장태세를 갖출 수 있게 된다고 조언한다. 정신력으로 단단히 무장하면 과감해지며, 설령 세상과 만나면서 상처를 많이 받게 되는 일을 겪더라도 독서하면서 자신을 격려할 수 있는 말을 많이 알고 있기 때문에 쉽게 회복할 수 있다고 충고한다.

나 또한 힘든 시기 심리학 책을 읽으면서 마음을 다져갔다.

나 자신이 겪고 있는 정신적 어려움을 그런 책들을 읽으면서 이해받는다는 느낌을 많이 받았다.

사람에게서 이해받지 못하는 일을 책을 읽으면 이해받을 수 있었다.

지금 생각해보면 독서가 나를 구했다고 말할 수 있다.

성공한 인생을 살고 싶다면 실패부터 해야 한다.

실패가 두려워 아무 일도 하지 않는다면 그것이 진정한 실패이다.

성공한 사람들은 실패를 두려워하지 않고 끊임없이 자신이 원하는 것을 얻기 위해 시도하고 또 시도했다.

지금 겪는 시련을 절대 두려워하지 말고 자신이 원하는 것을 얻기 위한 여행을 계속해야 한다.

자신이 시련을 겪고 있다면 스스로가 꿈꾸는 미래를 더욱 열렬히 상상하라.

사람은 꿈꾸는 것만큼 상상할 수 있는 만큼 얻을 수 있기 때문이다.

세상에는 시련을 겪고 더욱 강해지는 사람들이 있지만, 시련에 굴복하여 아무 것도 하지 않는 사람들도 있다.

쥐가 접시에 담긴 음식을 먹으려 할 때마다 전기충격을 준 후 쥐의 반응을 연구하는 실험이 있었다. 전기충격에 겁을 먹은 쥐는 차츰 다시는 접시 쪽으로 다가가지 않게 되었다. 그러자 이번에는 더 맛있고 식욕을 자극하는 음식을 접시에 올려놓았다. 그럼에도 쥐는 계속 그 접시에 접근하지 않았다. 시간이 한참 흐른 뒤에도 쥐는 전기 충격의 위험을 무릅쓰려 하지 않고 끝내 접시에 접근하지 않았다. 결국 전기 충격을 감수하는 대신에 굶어죽는 길을 택했다.

이 실험의 쥐와 같이 어떤 사람들은 원하는 것을 얻기 위해 시련을 겪은 이후 더 이상 원하는 것을 구하려 하지 않는다. 이런 사람들은 행동하기에 앞서 자신이 겪었던 쓰라린 기억을 먼저 떠올린다. 그러면서 시도해 보았자 또다시 실패할 것이라고 생각한다.

〈스티븐 스콧의 꿈을 실현하는 사람들의 15가지 성공 비결〉을 쓴 스티븐 스콧은 많은 사람들이 불행하게도 완전히 보통 사람으로 프로그래밍 된다고 말한다. 인생의 거의 모든 분야에서 최선을 다한다 할지라도 보통일 수밖에 없다는 사실을 받아들이고, 그런 태도를 바꾸려 하지 않는다고 이야기한다.

어떤 사람들은 자신이 원하는 무엇인가를 하면서 이제까지의 모든 기록을 깨며 특별하게 잘해보려고 노력하는 대신에 자신에게 프로그래밍된 것처럼 평범하게 살려고 한다.

자신이 꿈꾸는 무엇인가를 하기 전에 두려워하는 사람들이 있다. 이런 사람들은 자신이 시도하는 일이 실패할 것이라고 완벽하게 미리 상상한다. 결국 상상한대로 완벽하게 실패를 하고, 그 사람은 이렇게 말한다.

"내가 이럴 줄 알았어. 꿈꾼다고 뭐가 달라지지?"

자신이 하고자 하는 일에서 두려움을 느낀다면 다음 사항을 생각해보자.

1. 내가 두려워하는 것이 현실로 나타날 경우 최악의 상황은

무엇인가?

2. 그 두려움이 현실로 나타날 경우 가장 가능성 있는 상황은
   무엇인가?

3. 그 두려움을 무시하거나 아니면 극복할 경우 가능한 최선
   의 상황은 무엇인가?

자신이 원하는 것이 있지만 두려움 때문에 하지 못하고 있다
면 다음 사항을 생각해 보자.

1. 자신이 원하는 분야에서 이루기를 원하는 꿈이 있다면, 그
   것은 무엇인가?

2. 그 꿈을 이루는 것을 막는 장애가 있다면 모두 적어보라.

3. 그 장애와 맞서지 못하게 하거나 극복하는 것을 방해하는
   두려움은 무엇인가?

자신이 두려워하는 것을 종이에 적어라. 가능한 한 무엇을 두려
워하는지 왜 그런 두려움이 생겼는지를 자세하게 적어야 한다.

부정적인 감정을 기록하는 일은 단어에 부정적인 힘을 쏟아내
서 그 기운이 정신이나 신체에 나쁜 영향을 미치지 못하게 하는
작업이다.

〈종이 위의 기적 쓰면 이루어진다〉를 쓴 헨리에트 앤 클라우

저는 사람들이 꿈과 두려움을 기록하면 할수록 목표는 가까워지며 가능성이 열리면서 길이 평탄해진다고 조언한다.

현재 시련을 겪고 있다면 자신이 성공할 모습을 상상하자.

성공한 사람이 되었을 경우 자신의 성공비결을 사람들에게 공개하는 모습을 상상하는 것도 좋다.

절대로 시련에 굴복해서는 안 된다. 시련은 성공하기 위해서 꼭 거쳐야 하는 과정과 같기 때문이다.

당신이 성공을 거두고 사람들이 당신에게 성공비결을 묻는다면 무엇이라고 대답하고 싶은가?

"저는 이러저러한 시련을 겪었지만 결국 해냈습니다. 당신도 할 수 있습니다."

이렇게 말하기 위해서 지금 당신이 처한 상황을 긍정적으로 바라보는 훈련을 하자. 시련은 누구에게나 다가올 수 있다. 성공한 사람은 그 시련을 성공할 수 있는 기반으로 생각한다. 시련에 단련된 사람은 실패해도 성공할 때까지 끝까지 행동한다. 당신이 성공하기 위해 극복해야 할 시련은 무엇이며 그것을 어떻게 떨치고 일어날 수 있는가?

06

뜻을 세우고 시작하자

20대 가운데 거듭된 취업 실패로 일할 의욕을 잃은 사람이 많다고 한다. 자신이 원하는 좋은 일자리는 많지 않고 어떤 사람들은 좋은 일자리에 도전하기 위해 몇 년씩 준비를 한다고 들었다. 환경미화원을 뽑는 시험에 석사학위를 받은 사람까지 지원하였다는 이야기가 들린다.

01 힘들수록 더 꿈꾸고 미래를 계획하라

20대 가운데 거듭된 취업 실패로 일할 의욕을 잃은 사람이 많다고 한다. 자신이 원하는 좋은 일자리는 많지 않고 어떤 사람들은 좋은 일자리에 도전하기 위해 몇 년씩 준비를 한다고 들었다.

환경미화원을 뽑는 시험에 석사학위를 받은 사람까지 지원하였다는 이야기가 들린다.

어려운 시기에 자신이 원하는 대로 세상을 살 수 없다고 해도 좌절하기보다는 자신이 진정으로 원하는 것이 무엇인지 정확히 알아야 한다.

자신이 원하는 것을 분명하게 정하고 그것을 종이에 기록하고 매일 바라보는 것은 긍정적인 마음가짐의 시작이다.

소설 〈대지〉를 쓴 작가 펄 벅은 "힘은 희망을 가진 사람들에게 주어지고, 용기는 가슴속의 의지에서 일어난다."고 말했다.

당신의 마음속에는 어떤 마음가짐이 자리하고 있는가?

영원히 실패를 하는 사람은 바로 실패한 뒤에 일어설 의지를 잃고 자포자기한 채 살아가는 사람이다. 어떤 작은 실패라도 일어서지 못하면 걷잡을 수 없을 정도로 커지게 된다. 실패는 당신이 아직 준비가 덜 되었다는 신호일지도 모른다. 큰 성공을 거둔 사람의 자서전을 읽어보면 한 번이라도 실패하지 않고 계속해서 성공을 거둔 사람은 없다. 작은 성공이 쌓여 큰 성공을 이룰 수 있다. 그렇지만 작은 성공은 마치 쌍둥이인 것처럼 크고 작은 실패를 겪은 뒤에야 온다. 실패를 하기 위해서는 어떻게 해야 하는가? 바로 지금 당장 원하는 일을 하는 데에서 시작된다.

스스로 세운 목표를 다른 사람들이 어떻게 생각하든 성공할 때까지 밀고 나갈 수 있는 용기가 있는가? 아무리 사람들이 말려도 말도 안 된다고 비웃어도 앞으로 나아갈 수 있다면 스스로에게 감탄할 만한 성공을 거둘 수 있다.

예전에 1마일을 4분 안에 달리는 것은 많은 사람들에게 말도 안 되는 목표였다. 전문가라는 사람들은 만약 1마일을 4분 안에 뛰는 사람이 있다면 그는 다 달리고 나서 크고 작은 부상을 당해 생명이 위태로울 것이라고 단언했다. 그런 통념에 도전한 사람이 바로 로저 베니스터였다. 그는 도전에 성공했고 몸에 아무런 상처도 없었다. 그제서야 많은 사람들이 1마일을 4분 안에 달리는 것에 성공할 수 있었다.

로저 베니스터는 이렇게 말한다. "노력이 지겨워질 때조차 한 걸음 더 나아가도록 자신을 독려할 수 있는 사람이 승리를 거머

쥔다."

당신은 지겨울 정도로 열심히 노력하여 자신이 원하는 위치에 올라갈 수 있도록 최선을 다할 자신이 있는가? 다른 사람과 다르게 생각하는 일을 두려워하지 않을 용기가 있는가?

세상을 놀라게 하는 생각과 혁신은 바로 다르게 생각하는 것을 두려워하지 않는 데에서 나온다.

미국의 유명한 사업가 로스 페로는 이렇게 말했다.

"대부분의 사람이 성공할 수 없는 가장 큰 이유는 '할 수 있는 모든 것'을 하지 않기 때문입니다! 바보가 되어 할 수 있는 모든 일을 끊임없이 하지 않으면 성공은 절대 불가능합니다. 아무리 기다려도 아무런 일도 일어나지 않습니다. 또 모든 가능성을 시도해보지 않으면 어떤 것이 성공하는 씨앗이 될지도 알 수 없지요. 나는 그렇게 해서 회사 두 개를 단기간에 상장시키고 대기업으로 만들 수 있었습니다. 만일 할 수 있는 모든 일을 해보지 않았다면 성공할 수 없었을 것이라 확신합니다."

지금 당장 꿈을 향해 갈 수 없다는 생각을 버리자. 지금 할 수 있는 모든 것을 시도해 본다면 당장은 할 수 없다 하더라도 머지않은 시기에 할 수 있는 길이 열릴 것이다. 지금 아무 것도 할 수 없다고 생각한다면 당신에게로 향하던 모든 기회와 행운들이 방향을 돌릴 것이다. 할 수 없다는 핑계를 대는 이유가 혹시 두렵기 때문에 그런 것은 아닌지 생각해보자. 도전하기 위해서는 대가가 필요하고 그 대가란 이전까지 자신이 믿어온 생각에서 벗어나 다른 행동을 해야 한다는 것이기 때문이다.

꿈이 있다면 그 꿈을 이루기 위해 하루에 몇 시간을 투자할 것인지 확실하게 정하자.

행동이 뒷받침되지 않는 생각은 그 빛을 잃고 만다. 어떤 행동을 하며 어떻게 시간을 보낼 것인가? 자신이 원하는 일에 몰두하다 보면 그 일에서 재미를 느낄 수 있을 것이다. 재미를 느낀다면 더욱 일에 집중을 하게 될 것이다. 꿈을 이루기 위한 선순환이 시작되는 것이다.

성공 컨설턴트 지그 지글러는 "행동가가 되어라. 목표를 설정하고도 행동하지 않으면 세운 목표는 이루어지지 않는다. 가만히 있지 말고 행동하라. 항상 진보하는 사람이 되어라."고 말했다. 지금 해야 할 여지가 많지 않더라도 최선을 다해 꿈을 이루기 위한 행동을 시작하자. 아니, 행동할 여지가 많지 않기 때문에 집중할 수 있다고 생각하자. 집중할 수 있는 데에서 희망을 꿈꿀 수 있다.

꿈을 이루기 위해 계획을 세웠다. 하지만 계획대로 되지 않았다. 이런 상황에서 당신은 어떻게 할 것인가? 나 또한 꿈을 이루기 위한 계획을 세우고 있다. 하지만 계획대로 되지 않은 때도 있었다. 그 때 내가 대응한 방법은 그 곳에서 다시 시작하는 것이었다. 계획은 방향을 정하는 데 필요하다. 계획에 어긋나는 일이 일어나는 것은 당연하다. 모든 일이 물 흐르듯 자연스럽게 이루어진다면 얼마나 좋을까? 하지만 세상에서는 여러 가지 변화가 일어난다. 그 변화에 제대로 대처하면서 앞으로 나아가자.

변화에 대응해야 한다는 것을 알면서도 지금 자신이 있는 위치에서 한 발짝도 움직이지 않으려는 사람들이 있다. 그들은 지금 자신이 처한 상황이 만족스럽기 때문에 굳이 모험을 하려 하지 않는다. 또한 모험을 하다가 실패를 하느니 제자리에 머물러 있는 것을 즐긴다. 다른 사람들이 새로운 시도를 하는 모습을 보면서 자신도 변화해야 한다는 사실을 느끼고 있다. 그렇지만 지금 손에 쥐고 있는 것을 놓는 일이 두렵고 귀찮기 때문에 그대로 머물러 있다. 그러다 상황이 변화하면 제대로 대처하지 못하게 된다.

발명가이자 GM의 수석 기술자인 찰스 캐더링은 이렇게 말했다.

"실패는 불명예가 아니다. 실패한 결과를 분석하여 그 원인을 알아내면 된다. 그러려면 지혜롭게 실패하는 법을 배워야 한다. 실패야말로 세상에서 가장 아름다운 예술이다. 누구든 실패하면서 성공에 다가가기 때문이다."

새로 시작할 수 있는 용기, 넘어져도 다시 일어날 수 있는 끈기가 20대들에게 필요하다.

사람들이 반대할 때 그것에 굴하는 대신 왜 반대하는지 생각해 보자.

물론 객관적으로 올바르게 판단하는 사람도 있겠지만 어떤 사람들은 새로운 무엇인가를 하는 대신 이전까지 하던 일에서 변화를 추구한다는 사실이 두려워서 반대하는 사람도 있을 것이다. 당신이 꿈꾸던 일을 반대하는 사람들이 당신을 진심으로 생각할 수도 있겠지만 자신도 뭔가 해야 한다는 부담감이 싫어서 반대하는 경우도 분명히 있다. 이럴 때 필요한 것은 자신이 원하는 것을 할 수 있다는 믿음과 용기이다.

고대 로마의 대표적인 철학자, 정치가, 문필가였던 루시우스 세네카는 이런 말을 했다.

"어떤 일이 어려워서 우리가 과감히 도전하지 못하는 것이 아니라, 우리가 과감히 시도하지 않기 때문에 그것이 어려운 것이다."

현실이 어렵다고 진정으로 원하는 것을 포기하지 말자. 대담하게 도전하는 것, 다른 사람의 부정적인 평가를 바꾸겠다는 의지가 당신이 그토록 바랐던 성공으로 이끌어 줄 것이다.

〈나를 이끄는 목적의 힘〉을 쓴 천빙랑은 이렇게 말했다.

"성공이란 목표의 실현이다. 목표가 없으면 나아갈 방향도, 원동력도 없으며 체계적인 계획을 세우거나 행동을 취하는 것은 더더욱 불가능하다. 명확한 목표, 강한 열망, 세부적인 계획, 적극적인 행동, 열정적인 태도, 굳은 의지만 있으면 목표 달성은 얼마든지 가능하다.”

지금 당신은 목표가 있는가? 그 목표를 세운 목적은 무엇인가? 자신이 목표를 이루기 위해 어떤 대가를 치를 각오가 되어 있는가?

성공하기 위해 계획을 세우고 행동에 옮겨도 여러 가지 변수가 일어나 자신이 뜻한 대로 되지 않을 때가 있다. 그래도 계속 행동하자. 언제까지? 바라는 일이 실제로 일어날 때까지다.

헬렌 켈러는 이렇게 말했다.

“쉽고 편안한 환경에서는 강한 인간이 만들어지지 않는다. 시련과 고통스러운 경험을 하면서 강한 영혼이 탄생하고 통찰력이 생기며 일을 하면서 영감이 떠오른다. 이 모든 과정을 겪은 후에 찾아오는 것은 단 하나, 바로 성공이다.”

훗날 당신이 성공했을 때 사람들이 당신의 성공비결을 묻는다며 어떻게 대답할 것인가? 그걸 미리 염두에 두고 행동하자. 사람들에게 당신의 성공비결을 말하는 상상을 하며 목표를 달성하면 스스로에게 어떤 보상을 할 것인지 생각해보자. 상상함으로써 성공을 미리 누린다면 머지않아 당신이 원하는 성공이 당신 곁으로 올 것이다.

현재 나태한 자신에게서 벗어나 새로운 삶을 살고 싶어 꿈을 찾았다면 축하한다.

꿈을 이루기 위해 세부 계획을 세웠으니 행동하기만 한다고 자신만만해 할 수 있다. 하지만 그 전에 아직 해야 할 일이 남아 있다. 바로 다른 사람들의 시선에서 자유로울 수 있느냐 하는 것이다.

꿈을 이루기 위해 변화하려는 당신을 그 자리에 주저앉히려 하는 사람들이 많을 것이다. 사람들은 꿈을 이루려고 치열하게 노력하는 사람들에게 이중적인 태도를 보인다.

"대단하다!", "넌 꼭 이룰 수 있을 거야.", "힘내!" 등 긍정적인 말만 들을 수 있다면 얼마나 좋을까? 하지만 "네가 그걸 이루면 내 손에 장을 지진다.", "살던 대로 살지 뭐 하러 그 고생하냐?", "미쳤구나. 적당히 하지 그래." 등 부정적인 말을 하는 사람들이 의외로 많다.

　그런 사람들의 특징은 자신은 변화하지 않으면서 다른 사람이 변화하기 위한 시도를 하면 필사적으로(?) 막는 것이다. 변화하지 않는 자신이 어떤 결과를 낳을지 예감하고 있으면서도 행동하려 하지 않는 사람들이다.

　그런 사람들에게 말려들면 당신은 애써 세웠던 꿈과 목표를 빼앗기게 된다. "그래, 내가 무슨 성공을 하겠다고….".라고 말하며 포기하고 마는 것이다.

　미국의 유명한 벤처 자본가이자 컴팩 컴퓨터(현 휴렛팩커드)의 전 회장 벤 로슨은 이렇게 말했다.

　"바보 취급을 당하거나 멸시를 당하는 일은 사실 거의 모든 사람들에게 평생 따라다니는 것입니다. 어떤 위치에 있어도, 또 어떤 실력을 갖추고 있어도 반드시 누군가에게 비난을 받습니다. 그때 싸움을 벌이거나 이성을 잃지 않고 '언젠가 반드시 이 사람들의 인정과 감사를 받을 만큼 실력을 쌓고 결과를 이끌어내고야 말겠다!'라고 진취적으로 수용하고 자신의 분노를, 무능한 자신을 변혁시키는 힘으로 삼는 것이 바람직합니다. 이것이 인간을 가장 크게 성장시키는 반항 정신입니다."

　당신의 정신을 상처 입히는 사람들을 가까이 하지 말자. 그들의 부정적인 분위기는 당신의 소중한 꿈을 키우는 데 전혀 도움이 되지 않는다.

차라리 혼자서 꿈을 키워나가라. 자신이 진정으로 원하는 것을 정하고 그 일을 실현시키기 위해 어떤 일을 할 것인지 계획을 세우자. 부모나 친구, 친척들 등 당신을 다른 사람과 끊임없이 비교하려 드는 사람들과 논쟁하지 말라. 쓸데없이 논쟁에 말려들게 되면 마음에 상처를 입는 사람은 당신이다.

생각해보자. 초등학교, 중학교, 대학교를 다니면서 당신에게 친구가 몇 명이나 남았는가? 어린 시절의 우정을 그대로 유지하고 있다면 그것도 좋은 일이다. 하지만 만나서 늘 같은 이야기만 한다면 당신이 꿈을 이룰 때까지 잠시 멀리하라. 진정한 친구라면 이해해 줄 것이다. 친구와 만나서 하는 주제가 드라마 이야기, 연예인 이야기밖에 없다면 당신이 성장하는 길은 점점 멀어질 뿐이다.

〈문요한의 마음 청진기〉를 쓴 문요한 작가는 영어에는 혼자 있는 것과 관련된 두 단어가 있다고 말한다.

'고독(solitude)'과 '외로움(loneliness)'이다.

둘 다 홀로 있는 상황은 같지만 고독은 스스로 관계에서 물러나 자신을 벗 삼은 능동적인 홀로 있음이고, 외로움은 타인과 단절되어 누군가를 갈구하는 공허한 감정이라고 설명한다.

문요한 의사는 고독은 외로움도 아니고 도피도 아니라고 말한다. 고독은 내면으로 떠나는 여행이며 삶을 채우는 시간이라고 이야기한다. 어쩔 수 없이 홀로 되면 외로워지지만 스스로 홀로 있음을 선택하면 삶이 충만해진다고 조언한다.

세상을 살다보면 어쩔 수 없이 시련과 마주치게 된다. 문요한 작가는 우리가 문제와 어려운 상황에 부딪혔을 때 해결책을 찾으려고 노력하는 사람인지 아니면 상황을 바로잡으려는 행동을 하기보다는 환경을 탓하고 걱정만 하는 사람인지 묻는다.

그는 문제가 일어났을 때 환경 탓만 하는 사람에게 통제소재를 외부에서 내부로 움직이는 훈련이 필요하다고 말한다. 어려운 상황에 부딪혔을 때마다 이렇게 이야기하라고 조언한다.

"나는 이 문제에 맞서 뭔가 할 수 있어." 그리고 할 수 있는 것을 찾아 차근차근 시도하라고 말한다.

문요한 의사는 삶의 방향이 확고하게 서 있는 사람들은 타인들의 왜곡된 평가나 시선에 의연할 수 있다고 말한다. 자신이 가야할 곳이 있기에 아무 곳에서나 힘을 낭비하지 않고 걸림돌을 디딤돌로 삼아 더 높이 올라간다고 이야기한다.

인생을 살다보면 늘 예상치 못한 고통이 찾아온다. 그 고통에 가장 좋은 치료제는 무엇일까? 문요한 작가는 바로 '의미 찾기'라고 말한다. 지금 겪는 이 고통이 무의미하지 않고 어떤 식으로든 나에게 의미를 주는 경험이라고 느낄 때, 우리는 고통을 겸허하게 받아들이고 고통 안에서 성장할 수 있다고 조언한다.

몽테 로랑은 이렇게 말했다.

"평범한 인간이 이따금 비상한 결의로 성공하는 경우가 있는

데 그것은 그가 훌륭한 인간이어서가 아니라 불안에서 벗어나려고 끊임없이 노력한 결과이다."

자신이 불안한 이유는 무엇인가? 그 불안을 극복하기 위해서 어떤 노력을 기울이고 싶은가?

책을 쓰는 지금 나는 내가 걸어가야 할 길의 방향을 잡고 그 방향을 향해 걸어가고 있다. 당신은 새로운 의미나 가치를 찾는 사람인가? 실패했을 때 낙심하지 않고 새로운 기회를 찾아 앞으로 나아갈 용기가 있는 사람인가?

문요한 작가는 어떤 사람이 새로운 의미나 가치를 찾지 않는 사람이라면 그의 인생은 아마 행운이 잘 따르지 않을 것이라고 말한다. 행운이 잘 따르는 사람들은 기대대로 되지 않았을 때에도 무엇인가를 찾아볼 수 있는 사람이기 때문이라고 이야기한다.

그는 기대대로 되지 않은 현실 앞에서 좌절하지 않고 다른 대안을 생각해 본다면 새로운 기회를 만날 수 있다고 조언한다.

이 책을 쓰기 시작하면서 배운 것이 있다.

1. 내가 진정으로 원하는 삶의 방향은 무엇인지 배웠다.

내 꿈이 무엇인지 20대 내내 고민했다. 자기계발서마다 말이 달라서 혼란스럽기도 했다.

어떤 사람은 잘하는 일을 하라고 했고 다른 사람은 좋아하는 일을 해야 한다고 말했다.

사실 독서하면서 여러 작가가 같은 문제에 다른 처방을 내려서 혼란스러운 경우가 있다. 이런 때일수록 자신의 의지가 중요하다. 작가들의 조언 중에서 자신에게 가장 잘 맞는 조언을 따라라. 그리고 그 조언대로 살아가는 것이다. 물론 그 조언이 자신에게 잘 맞지 않는다는 생각이 든다면 더 늦기 전에 돌아오는 용기도 필요하다.

2. 스스로 행동하고 목표를 위해 노력하게 되었다.

나는 우유부단한 성격이었다. 늘 이런저런 생각을 했다. 만약 이런 행동이 도움이 되었다면 좋았겠지만, 시간이 흘러가는 것만 내 눈에 보였다. 나를 변화하도록 한 유일한 일은 바로 책을 쓰는 일이었다. 이 책을 읽는 20대들에게 내가 고민했던 일, 후회하고 있는 일을 반복하지 않기 위한 조언을 해 주고 싶었다.

3. 내 꿈을 당당하게 선언할 수 있게 되었다.

〈당신의 꿈을 이루는 보물지도〉란 책을 처음 읽게 되었을 때 나는 보물지도를 만들지 않았다. 내가 원하는 것을 적었지만 가족들에게 보여주는 것은 망설여졌다. 나는 내 꿈에 자신감이 없었다. 하지만 이 책을 쓰게 되면서 내 보물지도를 만들었고 당당하게 걸어놓았다. 훌륭한 작가가 되겠다는 꿈을 설정하고 실제로 행동하게 되면서 나는 자신감을 얻었다. 꿈을 세우고 행동한다면 당신의 자존감도 향상될 것이다.

문요한 작가는 탁월한 선택이란 결정을 내리는 그 순간에 있는 것이 아니라고 말한다. 자신의 여건과 시간 한도 내에서 최적의 것을 고른 다음, 선택하지 않은 것에 미련을 두지 않고 자신이 선택한 것을 좋은 결과로 만들기 위해 노력하는 과정에서 결정된다고 조언된다.

내가 가는 길에도 버려야 할 것이 분명히 있다. 하지만 나는 내가 버려야 할 것에 미련을 두지 않게 되었다. 나는 내 인생을 걷게 되었고 그렇게 되면서 훨씬 행복해졌다.

부정적인 사람들이라는 짐을 지고서 꿈을 향해 간다면 목표로 했던 꿈을 이루는 길은 훨씬 힘들어진다. 당신이 원하는 성공을 거둘 때까지 외롭겠지만 홀로 걸어가라. 그 길을 걸으며 당신이 변화한다면 당신을 돕는 사람이 꼭 나타날 것이다.

그 때까지 고독한 바보가 되라. 당신의 마음을 뜨겁게 하는 꿈과 함께 하면서 끝까지 가보는 것이다. 20대 때 시도하지 않는다면 30대 때는 더 큰 고민을 하면서 앞으로 나아가게 된다. 이것 아니면 안 된다는 것 하나만 잡고 끝까지 걸어가 보자. 당신을 바보 취급했던 사람들보다 앞서 나가는 사람이 된다면 그보다 멋진 복수는 없을 것이다.

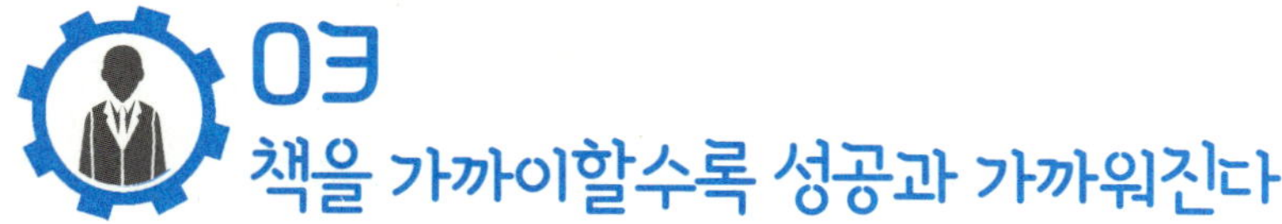

03
책을 가까이할수록 성공과 가까워진다

당신은 스스로 인생을 통제하고 있다고 여기는가? 다른 사람의 바람대로 살아가고 있는 것은 아닌가? 10대에는 수능과 내신이 당신을 둘러싼 환경에 거의 전부였을 것이다. 10대 시절에 오직 대학에 들어가는 것이 목표였다면 20대의 목표는 아마도 취직이 아닐까? 다른 사람에게 자랑할 만한 대기업에 입사하는 것이 인생의 유일한 목표는 아닌가?

어쩌면 당신은 모든 것이 이미 정해진 상황에서 스스로 할 수 있는 것이 하나도 없다고 생각하고 하루하루를 무의미하게 보내고 있을지 모른다. 그저 주변에 있는 사람들과 어울리면서 이렇게 사는 것도 괜찮다고 여길지도 모르겠다.

주위 사람들과 어울리며 매일매일 바쁘다고 여기고 있는가? 혼자서 꿈을 이루기 위한 행동을 하는 대신 많은 사람들과 어울리며 시간을 보내는 것이 즐겁다고 여길 수도 있다.

〈인생에서 가장 소중한 것은 서점에 있다〉를 쓴 센다 타쿠야는 이렇게 말한다.

"항상 바쁘다는 것은 '다른 사람에게 휘둘리고 있다'는 뜻이다. 다른 사람이 만들어 놓은 것에 자기를 꿰어 맞추느라 힘겨워한다는 소리다. 하지만 어떻게든 자기만의 시간을 만들어 책을 읽는 사람은 폭넓은 지혜를 얻고, 자신이 원하는 만큼의 부를 얻게 된다."

혼자서 시간을 보낼 자신이 있는가?

센다 타쿠야는 성공한 사람은 혼자서 독서를 하며 책에서 얻은 것을 활용할 수 있는 방법을 끊임없이 모색하면서 깨달아간다고 충고한다. 그는 무리지어 살아간다면 독서는 불가능하다고 단언한다. 비슷한 직책에 비슷한 연봉을 받으며 비슷한 처지에서 비슷한 생각과 고민을 하는 사람들끼리는 아무리 모여 있어도 서로 배우지 못한다고 조언한다. 많은 사람들과 모여 서로를 위로하기보다는 홀로 있으면서 스스로의 인생을 설계하는 것이 더 좋다.

〈실행이 답이다〉를 이민규 작가는 목표 달성에 실패하는 사람들의 특성을 말한다.

첫째, 목표를 이루기 위한 절실한 동기가 없다. 둘째, 유혹에 쉽게 흔들린다. 셋째, 목표를 잊고 지내는 시간이 많다.

자신이 진정으로 일하고 싶은 분야가 있는가? 만약 그렇다면 그 분야와 관련된 책을 많이 읽어보라고 권하고 싶다.

<여자에게 공부가 필요할 때>를 쓴 김애리 작가는 자신만의 독서학교를 세우라고 권한다.

자신이 공부하고 싶은 분야의 책을 읽고 자격증 등의 키워드로 공부를 시작하는 것이다. 김애리 작가는 이 학교의 특징이 수능성적과는 달리 전공 성적이 자유롭고 폭넓다고 말한다. 여러 분야를 두고 폭넓게 독서하다 보면 뜻밖의 자신의 적성이나 다른 재능을 발견하는 기회가 된다고 이야기한다.

"책 읽는 습관을 기르는 것은 인생에서 일어나는 모든 불행에서 스스로를 지킬 피난처를 만드는 것이다." 서머싯 몸이 한 말이다.

당신은 절실하기 않기 때문에 독서를 하지 않는 것은 아닌가? 이대로가 딱 좋다고 생각하는가? 끝없이 시도했지만 취업할 수 없기 때문에 좌절하고 있는가?

그런 당신에게도 시간은 주어질 것이다. 그 시간을 이용해 책을 읽어보자. 주제는 스스로 정해서 매일 시간을 내서 읽는 것이다. 독서에 익숙하지 않은 사람이라면 책을 읽다가 중단했다가 다시 읽었을 때 앞부분이 전혀 생각나지 않는 때도 있을 것이다. 책을 읽어도 아무 것도 남지 않는다고 말하는 사람이 있다. 이럴 경우 책을 읽으면서 책에 줄을 치거나 인상적인 구절을 공책에 옮겨 적어보자.

일본의 베스트셀러 작가 센다 타쿠야는 여러 책을 읽으면서 사람들이 '자신이 읽은 책'의 궤적을 따라 인생을 살아간다는 사실을 알게 되어있다는 사실을 깨달았다고 말한다. 그러니 지금 당장 눈앞에 당면한 고민을 해결해줄 급박한 필요로 독서하는 것도 중요하지만, 인생의 폭과 시야를 넓혀줄 책을 두루 골라 읽는 것이 중요하다고 이야기한다. 인생은 자신이 내다보고 싶은 곳까지만 보이고, 자신이 내다볼 수 있는 곳까지만 발을 내딛을 수 있다고 충고한다. 다양한 책을 읽는 것은 인생을 예습하는 것과 같으며 인생의 넓이와 깊이는 자신이 읽은 책의 넓이와 깊이에 비례한다고 조언한다.

그렇다면 얼마나 많이 책을 읽어야 하는 걸까?

센다 타쿠야는 사회인이 되면 가능한 빨리 매년 300권을 읽는 부류에 속할 것을 권한다. 그는 1만 명 이상의 경영자들과 함께 일하면서 책을 너무 많이 사거나 읽어서 가난해진 사람을 한 명도 만난 적이 없다고 말한다. 오히려 그 돈을 쓸데없는 데 허비한 사람들이 끝내 자신의 실력을 잃고 가난해진 것을 보았다고 이야기한다. 그는 책을 많이 구입하다보면 책 구입 금액이 그대로 연봉에 반영된다고 말한다.

책을 제대로 읽은 적이 없다는 말은 결코 자랑이 아니다. 그것은 자신을 한 번도 진지하게 대한 적이 없다고 인정하는 것이나 다름없다. 자신을 소중히 여기는 사람은 자신을 낮춰보지 않는다. 자존감이 강한 사람은 다른 사람들이 자신을 어떻게 평가하든 자신이 가고자 하는 길을 꿋꿋하게 걸어간다. 그는 책을 읽으며 자신이 가고자 한 길을 먼저 걸어간 사람들에게 귀중한 교훈을 얻는다. 바로 자신의 이야기와 경험을 책으로 쓴 사람들에게서 말이다.

당신이 살면서 배우고 싶은 사람은 없었는가? 독서를 하는 것은 성공을 거둔 사람들과 간접적으로 만나 그 비결을 배우는 가장 좋은 방법이다.

그동안 독서를 멀리 했다면 20대가 가장 독서하기에 좋은 시기이다. 대학을 다니면서 몇 년 동안 도서관에서 치열하게 독서하라. 자신에게 필요한 분야만이 아니라 전혀 접한 적이 없는 생소한 분야, 혹은 인문학 등에 도전해 보자.

다시는 돌아오지 않을 20대의 귀중한 시간을 독서를 하면서 스스로의 한계에 도전하라.

내가 독서에 몰두하게 된 이유는 지긋지긋한 20대를 보냈기 때문이다.

과거에 겪었던 모욕감과 굴욕감, 분노 등을 품고 살면서 점점 자존감이 낮아져가는 나 자신을 참을 수 없었다. 내가 할 수 있는 일은 거의 없었다. 이렇다 할 직장도 없는 나는 부모님의 노후를 망치는 주범이었다. 그 분노와 좌절감을 다스리기 위해 책을 다시 잡았다. 하루에 도서관에 가기 전에 한 권을 읽고 도서관에서 하루 종일 13권을 읽었던 때도 있었다.

어느 순간 나는 책을 쓰고 있었다. 나 같은 바보 같은 20대가 한 명이라도 줄어들기를 바랐다. 내 경험이 반면교사 역할을 할 수 있으리라는 생각이 들었다.

성공하고 싶다면 성공자의 사고방식을 배워야 한다. 부유한 집안에서 태어나 자연스럽게 사업을 하게 되었고 성공을 거두었다고 말하는 사람이 아니라 어려운 환경 속에서도 자신의 길을 포기하지 않은 사람들의 책을 읽어보자. 그들의 행동과 생각하는 방식을 배우면서 스스로를 성장시키는 것이다. 지금부터 독서를 시작하자. 하루에 한 권씩 읽는 것도 힘들다면 작심삼일 독서법을 권하고 싶다. 사흘에 하루씩 한 권을 읽는 것이다. 이렇게 되면 1년에 100권정도 읽을 수 있다. 어떤 사람은 자신이 책 읽는 속도가 느리기 때문에 속독을 배워야 하는가 고민하기도 한다. 하지만 나는 배우지 않아도 된다고 말하고 싶다. 중요한 것은 계속해서 책을 읽는 것이지 빠르게 읽는 것이 아니기 때문이다. 당신이 읽는 대로 읽어라. 그렇게 되면 책 읽는 속도가 점점 빨라지게 될 것이다. 성공하기를 절실히 원한다면 독서로 스스로를 무장하라. 독서로 성공한 사람의 길을 따라 걸어라. 다른 사람의 시행착오를 독서로 배워서 반복하지 않도록 하자. 그러면 자신이 원하는 길로 걸어갈 수 있는 속도가 점점 빨라질 것이다.

04
절망의 끝에서 희망을 찾은 사람이 되어라

빅터 프랭클은 유대인이라는 이유로 제2차 세계대전이 벌어지는 동안 강제 수용소에 수감되었다. 아우슈비츠 수용소에 처음으로 들어왔을 때 그는 그보다 몇 주 먼저 들어온 사람에게 충고를 듣게 된다.

바로 그 충고란 가능하면 유리 조각으로 면도를 해야 하는 한이 있더라도, 혹은 마지막으로 남은 먹을 것을 포기하는 한이 있더라도 매일 면도를 해야 한다는 것이었다.

언제 죽을지도 모르는 사람에게 면도를 하라는 말은 무슨 이유였을까?

빅터 프랭클은 수용소에서 살아남은 사람은 그에게 마지막 남은 내면의 자유가 있었던 사람이었다고 말한다. 그는 수용소에서는 매일같이, 매시간 결정을 내야 했다고 했다. 그 결정이란 그에게서 자신의 자아와 내적인 자유를 빼앗아가겠다고 위협하는 저 부당한 권력에 복종할 것인가 아니면 말 것인가를 판가름

하는 것이었다고 이야기한다.

빅터 프랭클은 근본적으로 어떤 사람일지라도, 심지어는 수용소 같이 그렇게 척박한 환경에 있는 사람도 자신이 정신적으로나 영적으로 어떤 사람이 될 것인가를 선택할 수 있다고 말한다.

결론적으로 수용소에서 매일 면도를 하는 행동은 인간의 존엄성을 지키려는 몸부림이었다.

빅터 프랭클은 인간의 존엄성을 지키려 애썼기에 살아남은 것이다. 빅터 프랭클은 강제수용소에서 살아남은 뒤에 학생들에게 이렇게 말했다.

"성공을 목표로 삼지 말라. 성공을 목표로 삼고, 그것을 표적으로 하면 할수록 그것에서 멀어지게 될 뿐이다. 성공은 행복과 마찬가지로 찾을 수 있는 것이 아니라 찾아오는 것이다. 행복은 반드시 찾아오게 되어 있으며, 성공도 마찬가지이다. 그것에 무관심함으로써 저절로 찾아오도록 해야 한다. 나는 여러분이 양심의 소리에 귀를 기울이고, 그것이 원하는 대로 확실하게 행동할 것을 권한다. 그러면 언젠가는 정말로 성공이 찾아온 것을 보게 될 날이 올 것이다. 왜냐하면 여러분이 성공을 생각하는 것을 잊어버렸기 때문이다."

세상은 남과 같이 행동하라고 강요한다. 유행어가 한 번 뜨면 대부분의 사람이 그것을 따라한다. 어떤 것이 인기가 있으면 그

것을 따라하려는 사람이 넘쳐난다.

이런 세상에서 자신만의 고유한 성질을 유지하는 것은 기적에 가깝다.

안정된 직업이거나 돈을 많이 벌 수 있다면 최고의 직업이고 나머지는 사람들의 관심을 끌지 못한다.

빅터 프랭클이 최근에 성공을 목표로 삼지 말라고 했다면 그에게 온갖 비난이 쏟아질지도 모른다. 다른 사람들이 모두 성공이 우선이라고 생각하기 때문이다.

〈어른의 공식〉을 쓴 장옌은 다른 사람의 삶이 어떻든 상관하지 말고 스스로 어떠해야 하는지에 집중해야 한다고 말한다. 어떤 모습이 되고 싶다면 바로 그 방향으로 노력해야 한다고 충고한다. 속세의 속박을 벗어던지고 용감하게 꿈꾸며 진정한 자신이 되어야 한다고 이야기한다.

장옌은 우리 한 사람 한 사람은 모두 독립적으로 존재하는 생명체이므로 세상에 자신의 가치를 드러내도록 예정되어 있다고 말한다. 우리가 스스로를 믿고 분연히 도전하면서 지혜와 능력을 발휘해 인생을 살아간다면 반드시 특별한 경험을 할 수 있다고 말한다.

자신의 가치를 찾으려면 어떻게 해야 할까?

장옌은 자신을 정확하게 인지하는 것이 성공한 사람에게 반드시 필요한 요소라고 말한다. 자신을 똑바로 보고 자신의 장점을 발견하지 못하는 사람은 일생동안 시간을 낭비한다고 이야기한다. 자신에게 용감히 도전할 수 있는 사람만이 자신이 원하는 것을 알고 마땅히 나아가야 할 방향으로 걸어갈 수 있다고 말한다.

20대인 당신은 무슨 생각을 하고 있는가?

몇 달째 같은 질문을 던지고 답을 얻지 못한다면 그 질문을 던지는 것을 멈추어라.

더 이상 해결책을 찾지 못하는 문제를 쥐고 있다면 시간만 낭비할 뿐이다.

당신에게 묻고 싶은 것이 있다. 진지하게 생각해주길 바란다.

1. 지금 고민하고 있는 문제는 무엇인가?

2. 그 문제로 고민한 지가 얼마나 되었는가?

3. 그 고민의 해결책은 어떤 것인가?

4. 친한 사람이 당신과 같은 고민거리를 안고 있다면 어떻게 말할 것인가?

이제 오랫동안 고민하던 일을 그만하자. 만약 지금 고민하는 일을 해결할 수 없다면 잠시 내려놓아야 한다. 당신이 원하는 일이 있지만, 너무 멀게 느껴진다면 지금 할 수 있는 것에서 시작하라.

어떤 사람이 마음먹은 일을 실행하는 것을 미루고 있다면 실패가 두려워서이다.

실패를 하면 그 동안 기울인 노력이 헛수고가 되고 사람들의 비난 섞인 시선이 두려울 수도 있다. 하지만 그럴수록 더 많이 실패를 해야 한다. 지금 아무 것도 하지 않는다면 실패는 하지 않겠지만 성과도 없을 것이다.

인류 최대의 발견이라는 페니실린은 실패로 탄생했다.

영국의 세균학자 플레밍은 1928년 포도상구균 계통의 화농균을 배양하다가 우연히 배양접시 한 개에 있는 세균이 몽땅 죽어 있는 것을 발견했다. 이 발견으로 그는 배양접시에 곰팡이가 자라면 세균이 번식하지 못한다는 사실을 알게 되었다.

플레밍은 650종이 넘는 곰팡이로 실험을 계속해 마침내 페니실리움 속에 속하는 곰팡이가 생산하는 물질이 여러 세균에 항균 작용을 한다는 사실을 발견했다. 그는 이 물질에 페니실린이라는 이름을 붙였다.

페니실린은 제2차 세계대전 중에 많은 사람들의 목숨을 살렸다. 페니실린이 없었을 때에는 수술환자의 생존율이 30%도 되지 않았지만, 페니실린을 사용하게 됨으로써 80% 이상으로 늘어났다. 플레밍은 페니실린을 발명한 공로로 1944년에 영국 왕실이 수여하는 기사 작위를 받았고, 이듬해 노벨 의학상을 받았다.

당신의 기분은 지금 어떠한가? 지금 처한 상황에 만족하고 감사하는가?

나는 자주 나 자신이 운이 좋다고 생각한다. 20대에 지독한 방황을 했기에 내가 원하는 것이 무엇인지 정확히 알 수 있었다. 내가 20대 내내 성공으로 가는 길만 걸었다면 자신의 20대를 고민하는 사람들에게 내 생각을 전하는 책을 낼 수 없었을 것이다.

성공한 사람들은 속도보다 방향이 중요하며, 자신의 내면이 내는 목소리를 따라가라고 말한다. 이는 세상이 말하는 '스펙을 쌓아야 대기업에 들어갈 수 있고, 성공한다.'는 말과 정면으로 배치되는 말이다.

누구나 자신만의 열정을 기울일 수 있는 일이 있다. 나는 두 번째 책을 쓰는 지금이 가장 행복하고 나답게 시간을 보내는 것이라 생각한다.

당신이 가장 자신답게 시간을 보내는 때는 언제인가? 다른 사람이 아닌 나 자신이 될 용기는 없는 것인가?

〈운명을 바꾸는 내면 지능〉을 쓴 서정현 작가는 자신감은 스스로 무엇을 이루었을 때 생겨난다고 말한다. 성공체험이 늘어날수록 자신감도 생긴다고 조언한다. 현실에서 무엇 하나 제대로 해내지 못한 사람은 자신감도 없다고 설명한다. 실패를 과정이라 여기고 정신력을 발휘하는 사람은 언젠가 해내지만 대부분 그 단계까지 진입하지 못한다고 지적한다.

자신이 바라는 것이 있다면 그것을 이룰 때까지 실패를 하더라도 절대로 포기하지 말아야 한다. 자신이 이루고 싶은 것은 작은 것에서 시작해야 한다. 그리고 작은 것을 성취해나가면서 꾸준히 자신감을 쌓아가야 한다. 그렇게 쌓아간 자신감이 당신을 성공으로 이끌어줄 것이다.

혹시 다른 사람과 자신을 끝없이 비교하면서 자심감을 버리고 있는 것은 아니가?당신은 세상에서 단 하나인 사람이다. 자신만의 강점을 찾고 그 강점으로 자신을 성장시킬 수 있는 방법을 생각해 보자.

강점을 바탕으로 자신이 진정으로 원하는 일을 지금 시작한다면 당신은 성장할 수 있는 발판을 만들어 나가고 잇는 것이다.

지금 자심의 모습이 초라하다고 해서 위축될 필요는 없다. 5년, 10년 뒤의 자신의 모습을 그리면서 오늘 해야 할 일을 시작해보자.

자신의 꿈을 버리지 않고, 계속해서 노력하고 그 꿈을 머릿속에 그려가는 한 당신의 꿈은 현실이 될 것이다.

2013년을 끝으로 나는 지독히 방황했던 20대를 끝냈다. 20대 내내 방황을 했고, 때론 현실을 도피하기 위해 다른 나라에 갔다 오기도 했다. 내 20대를 돌아보면 의미 있었던 일은 독서를 하는 것뿐이었다.

많은 20대들이 힘들어 한다.

대학에 입학하자마자 학자금 대출을 받아서 사회생활을 시작하기도 전에 빚부터 지게 된다. 자신이 진정으로 원하는 것을 생각하기 전에 좋은 직장을 얻기 위해 스펙을 쌓는다.

스펙을 쌓은 뒤에도 원하는 직장을 얻을 수 없다. 그렇게 되면 많은 20대들이 절망하게 된다.

자신에게 희망이 없다고 생각하는 20대들이 많다.

어떻게든 사회생활을 시작하려고 수십, 수백 개의 회사에 입사지원서를 넣어보지만 돌아오는 것은 불합격 통지밖에 없다고 희망을 잃는다.

내가 20대 내내 잘한 것이라곤 책을 열심히 읽은 것밖에 없다. 그 책이 내게 구원이 되어 주었다. 당신도 잘하는 한 가지에 집중해보자. 그렇게 되면 당신이 움직일 수 있는 여지가 생긴다.

이렇다 할 성과를 내지 못한다고 힘들어 하기 전에 스스로 할 수 있는 일을 시작해보라.

나는 성공한 사람들의 책을 즐겨 읽었다. 자신이 처한 상황에서 최선을 다하는 데에서 성과가 나온 것을 보면서 나는 내가 가장 잘할 수 있는 일을 찾기로 마음먹었다. 바로 책을 읽는 것이었다. 그리 두껍지 않다면 한 시간 안에 한 권을 읽는 일은 쉬운 일이었다. 독서를 하면서 성장하기 위해서는 임계점을 통과해야 한다는 조언을 듣고 진정으로 변화하기 위해 열심히 책을 읽었다. 현재 임계점을 통과했다고 할 수 없지만, 수많은 책들을 읽으며 나 자신의 자존감을 향상시키기 위해 노력하고 있다.

20대에 거듭된 실패로 다른 사람을 삐딱하게 대하는 사람이 있다.

자신이 원하는 것을 얻을 수 없어서 다른 사람을 비난하고 시기한다. 사람들이 모두 자신을 무시하는 말만 하는 것 같아 자꾸 부딪히다 보면 결국 당신 주위에 남은 사람은 없어질 것이다. 자신보다 앞서 나가는 다른 사람에게 시기심을 느끼기보다 지금 당신이 할 수 있는 일을 시작하라고 권하고 싶다. 사람마다 적어도 한 가지씩은 보물과 같은 잘할 수 있는 일이 있다. 10대나 20

대 때 남들보다 잘하는 일이 무엇이었는지 생각해보자. 다른 사람들이 매번 당신에게 도움을 요청했던 일은 없는가? 다른 사람보다 훨씬 빠른 속도로 한 일은 무엇이었는가? 하면서 진정으로 행복하다고 느낀 일은 없었는가?

아무것도 할 수 없다, 미래가 보이지 않는다고 생각한다면 책을 읽으라고 권하고 싶다. 당신의 마음속에 상처가 많다면 심리학책을 읽어보라고 권하고 싶다. 10대부터 20대까지 마음속에 큰 상처가 자리 잡고 있었고 그 때문에 사람들과 어울리는 일을 잘하지 못했다. 그럴 때마다 심리학 책을 읽었다. 나 자신이 왜 이러는지 알고 싶어서였다. 심리학 책을 읽으면서 울기도 많이 울었다. 그러면서 나 자신을 위로할 수 있었다.

집안이 가난하다고 그래서 아무것도 할 수 없다고 생각하는가?

그 생각은 잘못된 일이다. 살아있다면 자신이 할 수 있는 일이 있다는 의미이다.

희망을 보고 싶다면 김새해 작가가 쓴 〈내가 상상하면 꿈이 현실이 된다〉를 한 번 읽어보라고 권하고 싶다. 김새해 작가는 20대의 자신을 '내 집'은커녕 '내 나라'도 없었다고 말한다. 부모가 경영하던 회사가 부도나면서 외국을 떠돌아야 했다. 그녀는 아무에게도 털어놓지 못하고 그저 묵묵히 견뎌야 했다고 말한다.

김새해 작가는 외국에서 처음에는 허드렛일을 주로 했지만, 시간이 흐르며 자연스럽게 아카데미 카운슬러, 통역관, 미술학원 원장, 보험설계사로 활동했다고 한다. 그렇게 모은 돈으로 자신의 꿈인 '그림을 그리고 글을 쓰는 창작활동'에 투자했다. 그럼으로써 직장을 떠나 평생 꿈꾸던 화가, 칼럼니스트, 사진작가, 작가, 강연가로 활동할 수 있는 용기와 기회를 얻었다고 말한다. 결국 자신을 괴롭히던 고난과 역경이 스스로를 성장할 수 있는 튼튼한 기반을 마련해 준 것이라고 이야기한다.

내가 김새해 작가를 만났을 때 희망으로 가득 찬 눈이 인상적이었다.

10년 동안 해외를 떠돌며 고생을 했다고 들었지만 좋은 집안에서 훌륭한 교육을 받고 자란 기품 있는 아가씨 같았다. 그녀는 자신이 쓴 책에서 작지만 선명한 빛이 되어준 '희망' 덕분에 마음대로 풀리지 않았던 어두운 청춘을 견뎌냈다고 말한다.

김새해 작가는 자신이 쓴 책에서 이렇게 말한다.

"한 번 태어난 인생이라면 대범하게 원하는 모든 것을 배우고, 하고 싶은 일을 하며 자신의 삶을 가꾸어야 하지 않을까? 청춘의 시기에 보낸 한 달은 앞으로의 몇 년간을 좌지우지할지도 모른다. 모든 변화는 행동에서 시작된다. 당신의 선택과 행동이 운명을 만든다. 비난의 파도가 다가올 때 하늘로 날아올라 담담히 출렁이는 파도를 바라보자. 당신은 더 크게 생각하고 더 크게 이루며 살 수 있다.”

내가 방황했던 시절은 나 자신이 성장하기 위해 떠난 여행이었다. 나는 책에서 희망을 얻었고, 지금 쓰고 있는 이 원고가 책으로 나와 20대들에게 자신감을 줄 수 있기를 바란다.

지금 자신감이 바닥이어서 아무 일도 할 수 없다고 생각하는가? 그렇다면 해결책은 자신이 할 수 있는 일이 아무리 작은 일이라고 실행하는 것이다.

지금 돈이 없어서 아무것도 하지 못한다면 지금 즉시 도서관에 달려가라. 회원증을 만드는 데 돈이 들지 않고 자신이 읽고 싶은 책을 마음껏 읽을 수 있다.

지금 아무것도 할 수 없다고 한탄할 시간에 자신의 문제를 해결해 주는 데 도움이 되는 조언을 해줄 책을 찾아 읽자. 당신의 인생을 바꾸어줄 수 있는 결심을 할 수 있도록 열심히 '운명의 책'을 찾을 때까지 결코 포기하지 마라.

나는 읽은 책이 어느 정도 쌓이다 보니 자연스럽게 책을 쓰고 싶다는 생각을 했다.

그래서 책쓰기를 주제로 한 책을 닥치는 대로 구해 읽었다. 5권을 넘게 읽었을 때 내게 다가온 책이 있었다. 바로 김태광 작가가 쓴 〈마흔, 당신의 책을 써라〉였다. 그 책을 읽고 한국 책쓰기 성공학 코칭협회(줄여서 한책협)을 알게 되었고 책을 쓰기 시작했다. 작년 1월에 첫 번째 책이 나왔는데 아직도 믿을 수 없는 성과가 되었다.

자신이 원하는 일을 하고 싶다면 그 일이 무엇인지 명확히 적어야 한다.

꿈을 이룬 사람들은 자신의 꿈을 종이에 적고, 늘 가까이 했다. 여러 자기계발서에서 일관되게 말하는 내용이다. 이렇게 여러 번 강조된다면 한 번쯤 시도해 보는 것은 어떨까?

나는 내 방에 90cm×60cm의 큰 코르크판을 두고 있다. 거기에 내가 꿈꾸는 것들의 사진과 꿈을 이루기 위한 다짐 등을 핀으로 꽂아놓았다.

모치즈키 도시타카가 쓴 〈당신의 소중한 꿈을 이루는 보물지도〉를 보고 실행에 옮긴 일이다.

자신의 목표를 소중히 여기며 매일 바라본다면 이루어지는 속도가 빨라질 것이다.

내가 원하는 것을 종이에 적었더니 오래지 않아 이루어지는 경험을 했다.

이러한 경험은 상당한 자신감이 생기게 해준다. 내가 꿈꾸는 것이 잘못된 것이 아니라는 것, 꿈꾸면 이루어진다는 믿음이 자신감도 같이 오도록 하는 것이다.

김새해 작가 또한 자신의 꿈을 이루고 싶어하는 사람들에게 조언을 한다.

"꿈을 매일 글로 적고, 외치고, 붙여두고, 수시로 기억하자.

그러면 자신의 요청은 반드시 현실로 드러나게 된다. 장래에 자신이 위대해질 것이라 믿으며, 매일 꿈을 향한 발걸음을 멈추지 마라. 매일 꿈과 함께 성장하는 당신은 이미 챔피언이다."

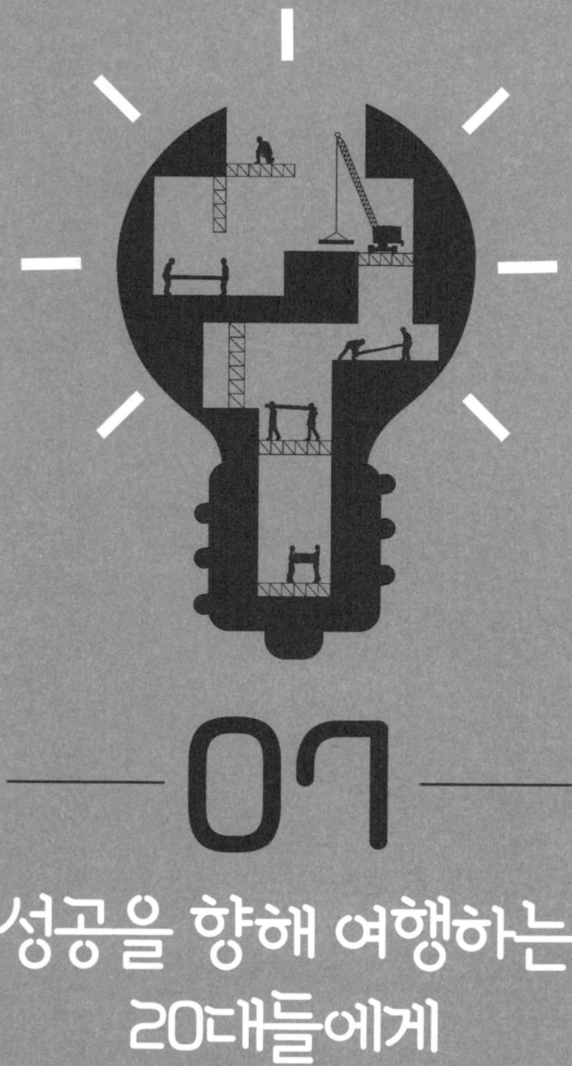

07

성공을 향해 여행하는 20대들에게

내가 보기에 20대들은 정말 열심히 살고 있다. 대학을 다니면서 학자금 대출을 받아서인지 취업을 하려는 욕구도 강하다. 불행하게도 한국 사회에 20대들이 원하는 좋은 일자리는 적다. 많은 20대들이 비정규직으로 일한다. 정규직과의 차별도 엄연히 존재한다. 그런 암울한 상황에서 절망하고 싶을지도 모른다. 하지만 20대는 포기해서는 안 된다. 그들의 젊음은 앞으로 나아갈 수 있는 무한한 잠재력이 있기 때문이다.

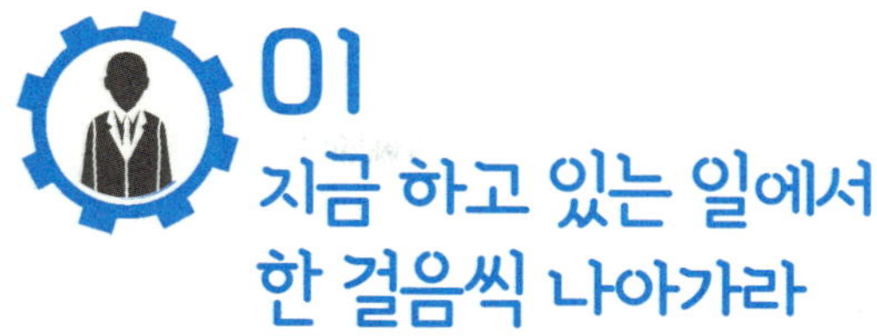

나는 책 쓰기를 하면서 굉장히 큰 기쁨을 느끼고 있다. 물론 글쓰기가 잘 안 될 때 좌절감을 느끼기도 하지만, 대체로 매우 행복하다.

책 쓰기가 내 꿈을 이룰 수 있는 길을 열어주고, 나 자신이 성장하고 있다고 느끼기 때문이다.

자신이 지금 꿈을 향해 나아가고 있는지 생각해보자.

5년 뒤에 자신은 어떤 모습일 것인가? 어떤 삶을 살면 행복하다고 느낄 수 있을까?

지금 하고 있는 일이 억지로 하고 있는가? 알바를 하든 회사를 다니든 아니면 취업을 준비하고 있든 지금 자신이 하는 일에 기쁨을 찾을 수 있도록 노력해보자.

사람들은 자신이 바라는 것을 정한 뒤에 조급해지는 경향이 있다.

빨리 성공하고 빨리 원하는 것을 얻고 싶어 한다. 자신이 하는 일에서 최선을 다하는 대신 '내가 진짜 하고 싶은 일은 따로 있는데….'라고 생각한다.

아무리 작은 일이라도 성공을 거두기 위해서는 그보다 더 작은 성공일지라도 계속해서 성취해야 한다. 계속해서 성공을 거둔다면 자신이 바라는 큰 성공을 거둘 수 있을 것이다.

석유왕인 존 록펠러가 석유회사에 처음 입사했을 때 '세 살짜리도 할 수 있는' 석유통 뚜껑의 용접상태를 검사하는 일부터 시작하게 되었다. 일이 너무 시시해 참을 수 없었던 록펠러는 보름 만에 상사를 찾아가 다른 일을 하게 해달라고 부탁했다. 거절당한 그는 그 이후부터 석유통 뚜껑의 용접 상태를 자세히 살피고 용접제를 떨어뜨리는 속도와 양을 꼼꼼하게 계산하기 시작했다. 그 결과 뚜껑 하나를 용접하는 데 39방울이 아니라 38방울만 있어도 충분하다는 사실을 알아냈다. 여러 번 시도한 끝에 그는 38방울만 사용하는 용접기를 만들었다. 뚜껑 하나당 줄어드는 용접제는 겨우 1방울일 뿐이었지만 1년이 지나자 수억 달러의 지출을 줄일 수 있었다.

만약 존 록펠러가 자신의 일에 충실하겠다고 결심하지 않았다면 용접할 때 드는 제품의 방울 수 따위는 세지 않았을 것이다. 그는 '시시한 일이니 대충 해도 돼.'라고 생각하지 않았다.

큰 성공은 작은 성공이 쌓여서 이루어진다. 작은 성공을 거두기 위해서는 자신이 원하는 것을 이루기 위해 어떤 행동을 해야 하는지 계획을 세워야 한다.

나폴레온 힐은 이렇게 말했다. "자립심, 진취력, 상상력, 열정, 자발성, 전력질주는 모두 뚜렷한 목표에서 나온다. 이는 성공하고 싶은 사람들이 갖춰야 할 필수조건으로, 자신이 무엇을 원하는지 모르는 사람은 영원히 성공할 수 없다."

내가 보기에 20대들은 정말 열심히 살고 있다. 대학을 다니면서 학자금 대출을 받아서인지 취업을 하려는 욕구도 강하다. 불행하게도 한국 사회에 20대들이 원하는 좋은 일자리는 적다. 많은 20대들이 비정규직으로 일한다. 정규직과의 차별도 엄연히 존재한다. 그런 암울한 상황에서 절망하고 싶을지도 모른다. 하지만 20대는 포기해서는 안 된다. 그들의 젊음은 앞으로 나아갈 수 있는 무한한 잠재력이 있기 때문이다.

당신은 스스로를 성실하다고 여기는가?

아인슈타인은 이렇게 말했다.

"나는 천재성과 근면성 중에서 조금도 망설이지 않고 근면을 선택하겠다. 근면은 이 세상 모든 성과물의 촉진제와 같다."

지금 하고 있는 일이 마음에 들지 않는데 어쩔 수 없이 하고 있는가?

그만두면 당장 수입이 끊기는 것이 두려워서 억지로 하고 있는가?

그렇다면 하고 있는 일에 의미를 부여해보는 것은 어떨까?

"일을 하면서 받는 것이 돈밖에 없다면 당신은 아주 형편없는 일을 하고 있는 것이다." 라는 말이 있다. 당신이 어떤 일을 하든 어떤 상황에 처해 있든 자신의 꿈을 생각하며 그 꿈을 현실로 만들기 위해 어떤 일을 해야 하는지 고려해보자. 지금 하는 일에서 성실하지 못한다면 자신이 진짜 원하는 일에서도 성실하지 못한다. 성실함은 태도이고 습관이기 때문이다.

5년 후, 10년 후에 어떤 사람이 될 것인지 선뜻 그림이 그려지지 않는다면 그것부터 시작해보자. 자신은 5년 후, 10년 후 어떤 곳에서 어떤 일을 할 것인가? 어떤 일을 하면 행복할 것이고, 그 일을 하기 위해 어떤 일을 지금 당장 해야 하는지 생각해보자.

하고 싶은 것을 하고 싶은데 돈이 없어서 못하고 있다면 지금 당장 알바를 구해서 돈을 벌자. 정말 하고 싶은 일이 있는데 돈이 없어서 못 한다는 핑계를 대기는 쉽다. 하지만 그럴수록 자신이 진짜 원하는 일과는 거리가 멀어지고 시간이 한참 흘렀을 때 한탄만 하게 된다.

나폴레온 힐은 이렇게 말했다. "올바른 마음가짐을 갖는 것이 성공전략의 첫 걸음이다. 이렇게 마련된 기초 위에 성공이라는 건물을 지을 수 있기 때문이다. 이때 성공을 쌓아가는 벽돌이 바로 목표이다."

올바른 마음가짐이란 자신의 꿈을 반드시 이룰 수 있다는 굳은 믿음과 할 수 있다는 자신감에서 나온다. 자신이 큰 꿈을 꾸고 있다면 그 꿈을 이루기 위해 어떤 징검다리가 필요한지 계획해보자.

20대인 당신에게 부탁하고 싶은 것은 당장 눈에 보이는 성과가 보이지 않는다고 해서 결코 중간에 포기해서는 안 된다는 사실이다.

눈에 보이지 않는 성과를 하나하나 축적해 나가면 결국 눈에 보이는 성과를 얻을 수 있다.

다른 사람들이 자신을 어떻게 볼까 하는 두려움 때문에, 당장 돈을 벌어야 하는데 무슨 일을 하고 있는 것인가 하는 자괴감 때문에, 다른 사람은 앞으로 달려나가고 있는데 혼자서만 기어가고 있는 것 같은 초조함 때문에 하고 있는 일을 그만 두고 싶은가?

그럴 때일수록 자신의 일에 최선을 다해야 한다. 다른 사람과 비교하면서 무언가를 빨리 얻고 싶어 초조해하지 말자.

금방 성과를 내고 싶어 이 일 저 일을 하다보면 아무것도 할 수 없게 된다.

칼라일은 "아무리 약한 사람이라도 단 하나의 목적에 자신의 온 힘을 집중함으로써 무엇인가를 성취할 수 있으나, 반면에 아무리 강한 사람이라도 그의 힘을 많은 목적에 분산하면 어떤 것이나 성취할 수 없다."라고 말했다.

당신이 바라는 단 한 가지는 무엇인가?

현재 내가 바라는 단 한 가지는 이 원고가 책으로 나오는 것이다. 이 꿈을 이루기 위해 나는 최대한 단순하게 생활하고자 한다.

매일 책을 읽고 필요한 사례를 찾으며 노트북 자판을 두드리며 글을 쓴다.

내가 하는 생각과 행동들은 거의 책 쓰기를 위해 집중한다.

나는 책 쓰기를 하기 전까지 스스로를 집중력이 부족한 사람인 줄 알았다.

그런데 책을 쓰는 과정에서 비로소 자신이 집중할 수 있다는 사실을 알았다.

사랑하는 사람이 곁에 있다면 그가 하는 말에 집중하게 된다.

연인이 곁에 있는 것처럼 지금 해야 하는 일에 집중하자. 그렇게 되면 작은 성공이 쌓이게 될 것이고, 그 성공들이 모여 당신이 바라는 진정한 큰 꿈으로 이끌어 줄 것이다.

당신은 자신만의 성공을 어떻게 정의하는가?

단순히 부유하게 산다는 것 외에 다른 의미가 있는가?

다른 사람에게 인정받고 싶다는 욕구는 사람을 행동하게 한다.

칭찬을 듣는 일은 사람들이 좋아하는 일이다. 겸손한 척을 하더라도 자신에게 오는 찬사를 싫어하는 사람은 없다.

당신이 바라는 진정한 성공은 무엇인가?

사람들이 당신에게 찬사를 보내지 않아도, 아니 오히려 당신이 하는 일이 말도 안 된다며 비웃고 무시한다고 해도 자신이 하는 일을 끝까지 마무리할 자신이 있는가?

격려는 사람들로 하여금 앞으로 나아가게 하지만 비난은 사람들을 움츠러들게 한다. 당신은 주위 사람들의 시선이 어떠하든 간에 끝까지 꿈이 이끄는 방향으로 갈 수 있는가?

어떤 사람들은 큰 성공이 어느 날 갑자기 다가오는 것이라고 생각한다.

하지만 큰 성공은 작은 성공을 쌓여 이루어지는 것이다. 백조가 우아하게 헤엄치고 있는 것처럼 보이지만 물 아래에서는 열심히 물장구를 치듯이 지금 목표로 삼은 꿈을 이루고 계속해서 작은 성공을 거두면서 꿈을 현실로 만드는 것이다.

당신은 자신의 꿈을 어떻게 다루고 있는가?

자신이 꾸는 꿈은 소중한 보석이다. 단, 이 보석은 자신이 스스로 갈고 닦지 않는다면 결코 빛나지 않는다. 다른 사람들이 어떤 눈으로 보든 뭐라고 말하든 작은 성공을 향해 한 걸음씩 앞으로 나아가라. 머지않은 시기에 자신이 그토록 갈망했던 큰 꿈에 도달할 수 있을 것이다.

아트 윌리엄스가 쓴 〈할 수 있다고 생각하면 무엇이든 이룰 수 있다〉에 이런 이야기가 나온다.

법학과 경제학을 공부한 후 사업을 계획하고 있던 사람이 있었다. 다행스럽게도 월스트리트에서 유명한 투자자인 할아버지의 도움을 받을 수 있게 되었고, 음료회사를 세우겠다고 결심했다.

일을 시작한 뒤 2주가 지난 뒤에 할아버지와 손자가 만났다. 할아버지는 손자에게 고객이 얼마나 되느냐고 물었다. 손자는 이렇게 대답했다.

"아직 한 명도 없어요. 제대로 된 컴퓨터 시스템을 만드느라 바빴어요."

"얘야, 고객이 생기기 전에는 컴퓨터 시스템이 필요 없단다. 사무실이나 책상도 필요 없어. 단지 고객만 있으면 된다."

할아버지의 충고를 진지하게 받아들인 그는 대학에서 배운

'전략적 계획'을 그만두고 고객을 찾아 나섰다. 현재 그는 미국에서 사람들이 성공신화로 받아들일 정도로 큰 성공을 거두었다. 그 회사의 음료가 전국적으로 판매되고 있는 지금 그에게는 사무실과 책상이 없다.

사람들이 그 이유를 물어보면 그는 이렇게 말한다.

"책상에게는 아무 것도 팔 수가 없기 때문입니다."

계획을 세우는 것은 중요하다. 자신이 어디로 가는지 언제까지 목표에 도달할 수 있을지 기록하는 일은 자신이 도중에 포기하지 않고 계속 앞으로 나아가게 한다.

하지만 목표를 세운다는 핑계로 자신이 앞으로 나아가기 위한 행동을 하지 않는다면 아무것도 얻을 수 없다.

최소한 자신이 어디로 가는지 방향을 정해놓았다면 그 뒤론 자신이 바라는 곳으로 가기 위해 어떤 행동을 해야 하는지 명확히 해야 한다. 당신이 행동해야 할 단 한 가지는 어떤 것인가?

행동하지 않는 이유는 절실하지 않기 때문이다. 나는 이 책을 쓰는 도중에 스스로에게 한계를 느꼈다. 이후 글을 제대로 쓸 수 없었다. 어느 순간 나는 한계를 느꼈다는 근사한 핑계로 도망치고 있는 자신을 인정하게 되었다. 해결책은 단 하나였다. 정해진 분량을 완성할 때까지 계속해서 글을 쓰는 것이다.

미국의 서부개척시대. 많은 사람들이 금을 찾아 서부로 향했다. 그런 와중에 군대에서 쓸 천막을 납품하기 위해 튼튼한 천을 많이 준비한 사람이 있었다. 불행하게도 그는 군대에 천을 납품할 수 없었다. 군대에서 원하는 색깔이 아니라는 이유였다. 그에게 주어진 것은 엄청난 빚과 쓸 수 없는 천뿐이었다. 그 와중에 금을 캐는 광산에서 일하는 사람들이 입은 바지는 사람들이 험한 일을 하는 도중에 자주 찢어졌다. 그것을 보고 그는 한 가지 생각을 떠올렸다. 자신에게 있는 튼튼한 천으로 바지를 만드는 것이었다. 그 생각은 그에게 엄청난 부를 안겨 주었다. 광산 노동자들에게 그가 만든 바지는 필수품이 되었다. 청바지가 이렇게 만들어지게 되었다.

성공하고 싶다면 스스로 절실히 원하는 일을 시작해야 한다.

어떤 분야에서 성공을 거두고 싶은가? 계획만큼 중요한 것이 행동이다.

박경철 작가는 자신이 쓴 책 〈시골의사 박경철의 자기 혁명〉에서 이렇게 말한다.

'시간이 없다.'는 말은 위선이다. 시간은 늘 충분하다. 단지 우리가 무언가를 포기하지 않기 때문에 새로운 것에 도전할 시간이 없는 것이다. 무언가 새로운 도전을 꿈꾼다면 잠을 희생하든 놀이를 포기하든 달콤하지만 의미 없는 일들을 포기하고 새로운 시간을 만들어서 충분히 준비해야 한다. 그래야만 상황을 만들어가면서 후회 없는 선택을 할 수 있다. 그리고 만약 선

택했다면 산을 옮기는 우공의 태도로 그 일에 몰두하는 것이
진정한 도전이다.

당신이 원하는 성공은 혹시 다른 사람이 당신에게 바라는 것
이 반영되지는 않았는가?

남들이 하기 때문에 그대로 하는 것은 아닌지 생각해보자.

남들이 바라는 것이 아닌 진짜 자신의 꿈을 찾았다면 그 꿈을
향해 전력질주해야 한다. 목표까지 도달하는 데 시간이 많이 걸
린다고 해서 절망하거나 포기하면 안 된다. 당신이 아무리 어려
운 처지에 놓여있더라도 자신이 바라는 일을 실현시킬 때까지
계속 앞으로 나아가야 한다.

미국의 사회학자 로버트 머튼은 '자성예언(自成豫言 : Self-
Fulfilling Prophecy)이라는 개념을 제시한다. 이것은 인간이 스
스로 어떤 일이나, 사물, 심지어 자신에게서도 기대나 암시를 함
으로써 그 '예언'이 실제로 이루어지고 성취되도록 하는 현상이
다. 간단히 말해 '생각이나 신념이 현실로 이루어진다.'는 개념
이다.

우리는 어떤 생각을 함으로써 그 생각에 따라오는 현실을 맞
게 된다. 자신이 정말 부자가 될 수 있다고 믿는가? 가난한 사람
은 자신이 가난한 것을 '사회가 불평등하기 때문에, 정치인이 국
민을 위해 일하지 않기 때문에, 경기가 나쁘기 때문에.' 등 외부

요인에 두는 경우가 많다. 자신이 성공할 수 있느냐는 질문을 받으면 자신이 할 수 있는 이유보다 할 수 없는 이유를 더 많이 댄다. 반면 사회에서 사람들이 말하는 성공을 거둔 사람들은 자신이 목표한 일을 성취할 수 있을 것이라 믿었고, 스스로를 성공한 사람이라고 생각하였다. 즉 성공을 자신의 내면에서부터 굳게 믿었다. 사회제도가 잘못되었다고 비판하는 일이 잘못된 일은 아니다. 역사는 잘못된 사회를 고치겠다는 의지를 가진 사람들이 바꾼 기록이라고 할 수 있다. 나 또한 우리나라가 고쳐야 할 점이 있다고 생각한다. 여기서 말하고 싶은 것은 외부요인에 불평을 하느라 스스로를 믿지 못하는 일이 벌어져서는 안 된다는 것이다.

내가 원고를 쓰는 이유는 이 원고가 책으로 나올 수 있다고 믿기 때문이다. 만약 책으로 나오지 않는다면 나는 긴 시간을 아무 의미 없이 보낸 셈이다. 그런 일을 막기 위해 열심히 책을 읽고 이렇게 키보드 자판을 두드리고 있는 것이다.

〈김밥 파는 CEO〉를 쓴 김승호 작가는 얼마나 열망하느냐로 성공할 수 있는지가 결정된다고 말한다. 강한 열망은 더욱 더 확실한 성취를 약속한다는 것이다. 그는 자신이 원하는 것이 있다면 '원하는 것을 소리 내어 100번씩 100일 동안 말하기'를 하라고 권한다. 김승호 작가는 소리 내어 원하는 것을 말하는 일이 자신의 꿈이 정말 자신이 원하는 것인지 알아낼 수 있는 가장 좋은 방법이라고 이야기한다.

전설적인 선박왕 헨리 카이저는 자신이 성공한 비결을 이렇게 말했다.

"평생 이루고 싶은 가장 큰 소원이 무엇인지 생각하십시오. 당신의 목표와 그 목표를 이루기 위한 계획을 글로 쓰는 것입니다."

이런 말은 자기계발서를 조금이라도 읽은 사람이라면 한 번쯤 접해 보았을 것이다.

당신은 '그렇게 간단한 일로 부자가 된다면 이 세상에 부자가 안 될 사람이 어디 있어?'라고 말도 안 된다고 생각할지 모른다. 하지만 생각해보라. 전 세계에서 부유한 사람은 소수이고, 가난한 사람은 다수이다. 그들의 차이를 가르는 것은 여러 책에서 반복해서 강조하는 것을 따라하느냐 따라하지 않느냐가 아닐까?

어떤 작가는 자기계발서를 읽고 그 책들이 조언하는 대로 살았더니 고급 외제차를 구입했다고 한다. 중요한 것은 실천이다. 당신이 이 책을 읽고 있다면 잠시 내려놓고 종이와 펜을 준비해 자신이 진정으로 원하는 것을 한 번 적어보자. 그리고 그것을 얻기 위해 어떻게 해야 하는지 계획을 세워보자.

계획을 했다면 자신을 그 계획대로 살아갈 수 있도록 계속해서 노력해야 한다.

루스벨트 대통령은 이렇게 말했다.

"나는 꿈이 없고 비전이 없는 사람은 쓸모없다고 생각해 왔지만, 자신의 꿈과 비전을 조금이라도 실현하기 위해 행동을 바꾸는 실제적인 노력을 기울이지 않는 사람 역시 쓸모없다고 생각한다."

일본의 베스트셀러 작가 나카타니 아키히로는 "재능이 없다면 양으로 승부하자."라는 목표를 세우고 대학 4년 동안 책 4천 권을 읽었고, 영화 4천 편을 보았다고 한다.

20대를 후회로 보내지 않으려면 자신이 간절히 바라는 목표를 세우고 행동해야 한다.

미국 소설가인 마크 트웨인은 "앞으로 20년 뒤에 당신은 저지른 일보다는 저지르지 않은 일에 더 실망하고 후회하게 될 것이다. 그러니 지금 밧줄을 풀고 안전한 항구를 벗어나 항해를 떠나라. 탐험하고, 꿈꾸며, 발견하라."라고 말했다.

20대인 당신은 아직 젊다. 나중에 나이가 너무 많아 꿈이 없다고 생각하지 말고 지금 행동하라. 적극적인 행동과 자신이 어디로 가야 할지 알려주는 지도가 되는 계획이 당신을 성공으로 이끌 것이다.

"'어밴던 앤드 테이크(Abandon and Take)', 즉 새로운 것을 얻으려면 어떤 것을 버릴(단념할) 각오를 해야 합니다. 그렇지 않으면 기존에 있던 것과 새로운 것 모두 실패하게 됩니다. 요컨대 새로운 것을 얻으려고 하기 전에 버려도 좋은 것을 정하고 나서 움직이라는 말입니다. 그렇지 않으면 바라는 것도 얻을 수 없고, 더 나아가 손에 있는 것마저도 잃어버릴지도 모릅니다."

국제경영 컨설턴트 빌 히비트가 한 말이다. 이 말을 책에서 읽고 나서 나는 현재 버려야 할 것이 무엇인지를 생각해보았다. 그러기 위해서는 일을 마치고 난 뒤에 집에서 흘려버리는 시간을 없애야겠다는 결심을 했다. 나는 이 부분을 카페에서 쓰고 있다. 적당히 시끄러운 분위기가 오히려 글을 쓰기 좋을 만큼 집중할 수 있게 해준다.

뭔가 잘못 살고 있다는 생각이 든다면 자신이 보내는 시간을 점검해 보면 어떨까?

정신없이 바쁘게 살고 있는 것 같은데 인생이 허무하다고 느끼다면 자신이 하는 일이 정말 중요한 것인지 확인을 해보자.

아침에 일어나서 밤에 잠이 들 때까지 시간을 어떻게 보내는지 기록을 해보는 것이다.

몇 시에 일어났고, 몇 시에 출근을 했으며, 몇 시에 식사를 했는지, 중간 중간 어떤 일을 했는지 확인을 해보자. 분명히 빈 시간이나 습관처럼 보내는 시간이 있을 것이다.

자신이 하고 싶은 일을 '진짜로' 이루기 원한다면 하고 싶은 일에 집중하는 것이 필요하다.

앞에서도 말했듯이 하루를 어떻게 보내는지 기록을 하는 일은 매우 중요하다. 나는 내 시간을 어떻게 보내는지 궁금해서 시간을 기록하기 시작했다. 사흘 만에 나는 내가 시간을 아주 잘못 보내고 있다는 사실을 깨달았다. 아침에 일찍 일어나면 책을 보지 않고 괜히 침대에서 빈둥거리고 있었던 것이다. 게다가 이동할 때 책을 쓰기 위해서 필요한 책을 읽지 않고 스마트폰을 바라보는 꼴이라니!

일을 마치고 집에서 늦은 저녁을 먹고 TV를 보는 것을 그만두기로 한 이유는 하루라도 빨리 내가 쓴 책이 세상에 나오는 것을 보고 싶었기 때문이다. 책을 쓰는 일에 집중하지 못하는 것은 그만큼 절박하지 않기 때문이라는 따끔한 충고를 들은 덕분이기도 했다.

"한 시간을 감히 낭비하는 사람은 살아가는 가치를 아직 발견하지 못한 사람이다."

진화론을 주장한 찰스 다윈이 한 말이다. 당신은 시간을 어떻게 활용하는가? 자신이 바라는 일을 하기 위해 어떤 일을 하고 있는지 알고 있는가? 성공을 원한다면 포기해야 할 일은 무엇인가?

토머스 에드워드 로렌스는 "모든 사람은 꿈을 꾼다. 하지만 모두가 같은 꿈을 꾸는 것은 아니다. 밤에 꿈을 꾸는 이들은 아침에 일어나면 모든 것이 헛되다는 사실을 알게 되지만 낮에 꿈을 꾸는 이들은 자신의 꿈에 귀를 기울이고 이를 실현시키기 위해 노력한다."고 말했다.

당신은 낮에 꿈을 꾸는 사람인가, 밤에 꿈을 꾸는 사람인가?

낮에 꿈을 꾸는 사람은 자신에게 주어진 시간을 어떻게 보내는지 늘 염두에 두어야 한다. 모든 사람들에게 24시간이 주어지지만 그 시간을 어떻게 보내는지는 놀랄 만큼 다르다. 어떤 사람은 헛되이 시간을 보낸다. 그는 나중에 "내게 시간이 있다면 ~한 일을 할 수 있었을 텐데."고 후회할 것이다. 그에게 시간이 없었던 것은 아니다. 단지 자신이 할 수 있는 일을 하기 위한 시간을 함부로 보낸 것뿐이다.

어떤 결과물을 얻기 위해서는 지금부터 시작해야 한다. "다음

달부터, 다음 주부터, 내일부터." 그렇게 미룬 시간들 중 실제로 한 것은 언제인가?

사람들이 미루는 이유는 사실 그 일을 하고 싶지 않기 때문이다. 자신이 진짜 하고 싶다고 입버릇처럼 말하면서 실제로는 그 일을 하지 않는 것은 자신이 그 일을 실현하기 위해 다른 일을 포기하길 원하지 않기 때문이다.

어니스트 뉴먼은 이렇게 말했다.

"위대한 작곡가는 영감이 떠오른 뒤에 작곡하는 것이 아니라 작곡을 하면서 영감을 떠올린다. 베토벤, 바그너, 바흐, 모차르트는 경리사원이 매일 수치 계산을 하듯 매일 같이 책상 앞에 앉아 작곡을 했다. 그들은 영감을 기다리며 시간을 허비하지 않았다."

당신이 하길 원한다면 적절한 때를 기다리는 것을 그만두어야 한다. 지금이 행동하기에 가장 적절한 때이다.

자신이 원하는 일에 집중할 시간이 없다면 만들어야 한다. 자신이 시간을 어떻게 보냈는지 알게 된다면 시간 활용을 어떻게 할 것인지 확실하게 정하자. 나는 아무리 바쁜 사람이라도 매일 1시간 30분의 시간을 낼 수 있을 것이라고 생각한다. 아침에 평소보다 30분 일찍 일어나고, 점심시간에서 30분을 떼어내며, 자기 전 30분을 활용하는 것이다.

그 시간을 활용하여 자신이 진정으로 원하는 일을 하자. 시간

250

활용이 중요하다는 것을 아는 사람은 많아도 실천하는 사람은 적다. 중요한 1순위의 일에 집중하는 것, 그것에서 성공이 시작된다.

당신이 10년 뒤에 어떤 모습이길 바라는가? 그 모습을 이룰 수 있다고 확신한다면 당신은 성공으로 가는 길 위에 서 있다고 믿고 있을 것이다. 하지만 많은 사람들은 자신이 바라는 모습이 있으면서도 행동에 나서지 못한다. 왜일까? 그것은 자신이 진정으로 하고 싶은 일을 하기 위해 일상에서 습관처럼 하고 있는 일을 포기할 용기가 없기 때문이다. 다른 사람이 자신을 어떻게 볼 것인지, 과연 자신이 바라는 일이 성공할 수 있을 것인지, 이대로 살아도 괜찮다고 생각하기 때문에 도전하지 못한다.

우리에게 주어진 시간은 한정되어 있다. 당장 내일 죽을지도 알 수 없는 것이 인간의 삶이다. 생애 마지막 날, 우리가 도전하지 않아서 후회할 일을 만들지 않기 위해서라도 지금 간절히 원하는 일을 정하고 그 일을 실현하기 위해 행동해야 한다.

당신이 일을 시작하는 데 두려워하는 것은 무엇인가?

두려움(FEAR)라는 단어는 False(거짓), Evidence(증거), Appearing(보이는), Real(현실)의 약자라고 해석하는 사람이 있다. 즉 두려움이란 현실처럼 보이는 거짓 증거라는 말이다.

당신이 두려워하건 두려워하지 않건 당신이 바라는 일로 향하는 길이 마냥 성공적이지는 않을 것이다. 성공을 거두지 못하더라도 끝까지 해야 한다.

캔터키 프라이드 치킨의 창업자 커널 샌더스는 "성공하는 비결은 성공할 때까지 끊임없이 하는 것이다."고 입버릇처럼 말했다고 한다. 당신이 실패한다고 해서 포기한다면 과연 다른 일에서도 포기하지 않을 자신이 있는가? 당신이 지금 행동하지 않는 것은 두려워서가 아니라 꿈을 이루지 않아도 되고 이대로 살아도 된다는 마음가짐 때문일지도 모른다.

미국의 제46대 부통령인 딕 체니는 이렇게 말했다.

"승리를 거둔 사람들은 단 하나의 예외도 없이 뜨겁게 살아온 사람들입니다. 뜨겁게 산다는 것은 무슨 일이든 진지하게 온힘을 다하는 것입니다. 최선을 다하기 때문에 많은 깨달음을 얻고 성장할 수 있습니다. 그러니 당연히 성공하지 않을 리가 없습니다."

성공을 거두기 원한다면 집중해야 한다. 남들이 함부로 흘려보내는 시간을 꼭 붙잡고 자신이 바라는 것을 실현하기 위해 다르게 행동하고 뜨겁게 살아가자.

이 책을 읽는 20대라면 현재 시기가 다시는 돌아오지 않을 중요한 시기라는 것을 알길 바란다. 10년이란 시간은 성공하기 위한 기반을 닦기 위한 중요한 시간이다. 그냥 낭비해버리기에는 너무도 아까운 시간이다.

랠프 왈도 에머슨은 이렇게 말했다.

"세상은 자기가 어디로 가고 있는지 아는 사람에게 길을 만들어준다."

자신이 진정으로 하고 싶은 일에 집중한다면 행복하다고 느낄 수 있을 것이다. 다른 사람들이 당신을 두고 어떻게 말하든 신경을 쓰지 말라. 많은 사람들이 이전과는 다르게 행동하는 사람을 비난하는 것은 그 사람이 앞으로 나아가는 것을 저지하고 제자리에 주저앉히기 위해서다. 그들도 변화해야 한다는 사실은 알지만 행동하기 두려워하기 때문에 앞서가는 사람을 방해하는 것이다.

다른 사람들이 당신을 비난한다면 포기하고 싶은 마음이 들수 있다. 하지만 절대로 자신이 가는 길을 계속 가는 것을 멈추어서는 안 된다. 결과가 당장 나오지 않는다고 성급히 그만두지말아야 한다. 임계점을 돌파하기 위해서는 시간과 노력이 필요하다. 설익은 성공을 거두고 싶지 않다면 자신이 하는 일에 확신을 버리지 말아야 한다.

중도에 포기하는 일은 언제라도 할 수 있다. 문제는 포기하는일이 습관이 된다면 그 어떤 일도 제대로 이룰 수 없다는 것이다.

나는 다른 사람들이 쓴 책을 많이 읽으면서 '나도 책을 쓰고싶다.'고 생각했다. 하지만 실제로 행동하기까지는 많은 시간이걸렸다. 두 번째 책을 쓰는 지금 나는 내가 이 원고를 끝내고 책으로 나올 것이라고 믿고 있다. 자신이 하는 일에 확신을 가지고 성공할 때까지 스스로를 믿어라. 그 믿음이 당신의 소중한 꿈을 이루는 데 가장 필요한 자원이 될 것이다.

조지 소로스는 이렇게 말했다.

"성공은 그것을 결의하는 가슴속에 있다. 비록 그때 아무것도 이루지 못했다 해도, 성과가 지금 당장 나오지 않는다 해도 성공하는 씨앗은 이미 거기에 뿌려져 있다."

거대한 나무라도 작은 씨앗에서 시작한다. 성공을 위해 집중하고 자신을 믿자. 스스로의 꿈을 이뤄나가는 것이 당신을 행복하게 할 것이다.

04
꿈이 이루어질 때까지 계속하라

거듭된 취업 실패로 좌절하고 있는가? 그렇다면 지금까지 살면서 자신이 성공한 일을 아무리 사소한 일이라도 적어보자.

'어린 시절 걸음마를 시작하면서 지금은 아무 문제없이 걷고 있다.', '자격증 시험에 합격했다.', '원하는 대학에 들어갔다.', '친구와 싸웠으나 화해하는 데 성공했다.' 등.

생각보다 성공을 많이 거두었다는 사실을 알게 될 것이다.

인생은 자신이 어떻게 정의하느냐로 성공했느냐와 실패했느냐로 나뉜다.

자신이 실패했다고 좌절하기 전에 자신이 바라는 일이 진정으로 원하는 일인지 한 번 되돌아보자. 다른 사람의 기대에 부응하기 위해 자신이 진정으로 바라는 일을 하지 못하는 것은 아닌가? 다른 사람이 원하는 모습과 진정한 자신이 충돌하고 있지는 않은지 생각해보자.

〈오래 뜨겁게 일한다〉를 쓴 전미옥 작가는 자신이 쓴 책에서 이렇게 말한다.

"나를 믿고 내 판단과 선택을 믿고 결연하게 결정해야 할 일이 잦은 곳이 사회다. 나를 신뢰하는 일은 내 판단이 전적으로 성공한다는 담보로 하는 것은 아니다. 실패할 수도 있다. 하지만 성공하든 실패하든 그 결과는 내가 책임진다는 생각으로 자신감을 가져야 한다. 자신이 내린 판단이 성공적인 결과를 가져오지 못할까 두려워하는 마음을 버리자."

실패를 했지만 끝까지 포기하지 않고 계속한 덕분에 성공을 거둔 사람들 못지않게 한 번 한 실패에서 벗어나지 못하고 평생 그늘에서 사는 사람들도 많다. 너무 많이 실패했다고 자신을 비하하기 전에 스스로 도전을 많이 한 것이라고 생각하자. 실패는 도전했기 때문에 생기는 것이기 때문이다.

책을 쓰기 위해 첫 번째 원고를 썼던 일이 기억난다. 그 원고의 주제는 20대를 위한 독서법이었다. 정말 열심히 썼지만 출판사마다 거절당했다. 한 출판사 대표는 내게 직접 전화를 해서 조금만 노력한다면 책을 낼 수 있을 것이라고 위로해주었다. 출판사 이름은 잊어버렸지만 그 전화에 깊이 감사하고 있다.

실패를 했지만 다음 책을 쓰기 위해 컴퓨터 자판을 두드렸을 때 또 한 가지 난관이 다가왔다. 바로 '자존감'이라는 부분을 어떻게 쓰느냐였다. 아직 책도 내지 못했고 스스로가 생각하기에 정말 낮은 자존감으로 살아왔기 때문에 20대들이 어떻게 받아들일까 두려웠다.

결국 방법은 하나였다. 어떻게든 계속해서 쓰는 것이었다. 결국 올해 1월에 내 첫 번째 책 〈20대 여자 성공을 메이크업하라〉가 세상에 나왔다.

거듭된 실패로 극단적인 생각을 하는 사람도 있을지 모르겠다. 하는 일마다 실패했기 때문에 성공이라는 단어는 자신과 맞지 않는다고 생각할지 모른다는 생각을 한다. 만약 당신이 그렇다면 방법은 두 가지가 있다. 첫 번째 방법은 자신이 실패한 그 일을 진심으로 원하는 것인지 스스로에게 물어보는 것이다. 그 일을 하고 싶은 이유는 무엇인가? 단지 다른 사람의 기대에 부응하기 위해서 자신과 맞지 않는 일을 계속하고 있는 것은 아닌가? 자신이 그 일에 왜 성공을 거두고 싶은지 계속해서 종이에 적어보라. 그러다 보면 자신이 진정으로 원하는 일이 무엇인지 명확히 알 수 있을 것이다. 아무리 생각해보아도 그 일이 자신이 진심으로 바라는 일이라면 방법을 달리 해서 다시 한 번 도전해보자. 잘못된 방법으로 시도했기 때문에 실패했을 가능성도 있기 때문이다.

두 번째 방법은 성공한 사람들을 주제로 한 책이나 성공한 사람들이 쓴 자서전 등을 읽는 것이다. 그 책들을 읽다보면 성공한 사람들이 과연 한 번도 실패하지 않고 성공을 거두었는지를 알 수 있다. 도서관에 가서 '성공', '긍정', '열정'이라는 단어로 책을 검색해보자. 그러면 성공한 사람들은 수없이 실패해도 결국 열정으로 극복했다는 사실을 알게 될 것이다.

노먼 빈센트 필은 이렇게 말했다.

"자기 자신을 믿자. 자기에게 있는 재능을 신뢰하자. 자기가 가지고 있는 힘에 겸손하고 자신감을 갖지 않는다면 성공할 수도 없고, 행복해질 수도 없다. 건전한 자신감이야말로 성공의 원천인 것이다."

당신이 꿈을 이루기 위해서 해야 할 일은 스스로를 믿는 일이다. 자신이 세운 목표에 충실하고 오늘 하루를 정말로 제대로 보냈다고 믿을 수 있을 정도로 최선을 다하자.

내가 첫 번째 책을 쓰면서 좌절했던 일은 많다. 원고를 애써 썼는데 주제와 맞지 않다거나 분량이 맞지 않을 때, 혹은 내가 애써 쓴 글이 어울리지 않는 쓰레기 같은 글이라는 생각이 들 때 나 자신을 믿을 수 있을지 확신할 수 없었다. 그래도 계속했던 이유는 나 자신이 평생에 성공을 거둔 것이 단 하나라도 있어야 한다고 생각했기 때문이다. 20대의 마지막 해에 책 한 권을 써서 세상에 내보내지 않으면 다른 사람들에게 20대를 어떻게 보냈는지 할 말이 없었다. "정말 죽을힘을 다해 책을 썼다."라고 나 자신에게, 다른 사람에게 말하고 싶었다.

돌이켜 보면 내 인생에서 가장 잘한 일은 용기를 내어 책을 쓴 일이었다.

하루도 빠짐없이 책을 읽고 책을 읽다가 내게 필요한 사례를 수집하는 일이 때로는 지루했지만 결국 책이 나왔을 때는 정말 울고 싶었다. 지나칠 정도로 기쁜 일이 생기면 웃음이 나오기보다 울고 싶을 때가 있다는 사실을 그 때 처음 알았다.

한 번 성공을 거두면 다음 성공을 기대하게 된다. 작은 성공을 거듭하면 스스로를 확실하게 믿게 되고 내가 걷는 길이 맞다는 확신을 할 수 있다. 거기에서 멈추지 않고 또 다른 성공을 거두기 위해 좀 더 높은 곳에 있는 목표를 세우고 실현시키기 위해 최선을 다한다.

성공한 사람들은 자신이 실패를 해도 성공할 것이라고 믿는다. 수많은 실패가 결국 영광된 성공으로 변화하리라는 사실을 굳게 믿었다. 무엇보다 자신의 꿈에 열렬한 팬이 되었기 때문에 실패에도 담담할 수 있었다.

브라이언 트레이시는 이렇게 말했다.

"성공하기 위해 가장 중요한 기술은 누구보다 명확하고 구체적으로 목표를 세우고 이를 실현하기 위한 세부 계획을 세우는 것이다. 자신이 원하는 것을 정확히 파악해 A4용지에 또박또박 적고, 현실적인 마감날짜를 설정해 이를 실현하기 위해 매일 발바닥에 땀이 나도록 뛰어다녀야 한다. 가장 중요한 것은 어떤 일이 있어도 눈 하나 깜짝 않는 고집이다. 성공은 끔찍한 실패를 바탕으로 한다. 이를 견딜 수 있는 고집과 끈기가 필요하다.”

당신이 진짜로 성공하고 싶은 분야는 어디인가? 다른 사람들의 의견보다 자신의 의견을 먼저 존중하자. 20대인 당신은 어린이가 아니다. 스스로 판단하고 행동할 때만이 진정한 어른이 될 수 있다.

쇼펜하우어는 이렇게 말했다.

“좌절을 경험한 사람은 자신만의 역사를 갖게 된다. 그리고 인생을 통찰할 수 있는 지혜의 길로 들어선다.”

당신은 세상에서 단 하나의 존재이다. 스스로 역사를 만들어가자. 당신이 진정으로 원하는 일만이 앞으로 나아갈 수 있게 한다. 결코 다른 사람이 꾸는 꿈을 대신 이루겠다는 생각을 해서는 안 된다. 자신이 즐거워하는 일, 진정으로 원하는 일을 시작하자. 그 일을 이루기 위해서는 어떤 일을 해야 하는가? 그것을 이룰 때까지 계속해서 실패하더라도 지속할 수 있는가?

세계 최대의 피트니스 클럽인 ‘커버스’의 창업자인 게리 헤이븐은 자신의 어머니가 비만이 원인이 되어 심장마비로 사망한 일을 겪었다. 그는 대형 피트니스 클럽을 열었지만 엄청난 빚을 지고 실패를 했다. 실패에서 굴하지 않은 게리 헤이븐은 중년 여성 위주의 피트니스 클럽을 다시 열었고 주부들의 눈높이에 맞춘 운동을 개발했다. 그 결과 지금은 미국에서만 7천여 개, 전 세계 44국에 1만여 개가 넘는 클럽으로 발전할 수 있었다.

게리 헤이븐은 이렇게 말했다.

"실패를 끝이라 생각했다면 지금 거둔 성공은 없었을 것입니다. 실패는 끝이 아니라, 기존의 방식과 과거의 삶을 뒤집는 좋은 계기이며 출발점입니다. 즉, 실패는 블루오션으로 가는 과정입니다."

게리 헤이븐이 그랬듯이 성공할 수 있다고 굳게 믿자. 그는 자신이 겪은 비극을 성공으로 가는 발판으로 만들었다. 게리 헤이븐은 어머니와 같은 비만한 여성이 적절한 체중을 유지하고 건강하게 살게 하고 싶다는 꿈을 세웠고 실패를 해도 끝까지 포기하지 않았다.

훗날 당신이 성공을 거두고 유명해져서 자신의 성공 비결을 말해달라는 인터뷰 요청을 받았을 때 무엇이라 대답하고 싶은가? 성공하기 위해 실패를 했어도 계속 시도를 한다면 당신이 꿈꾸는 거대한 성공은 반드시 다가올 것이다.

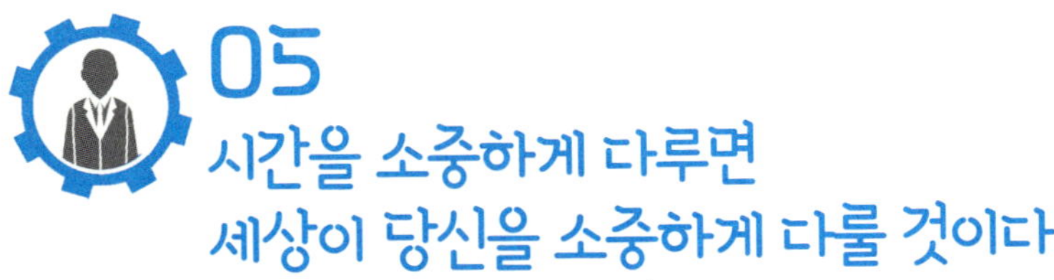

유명한 효율성 전문가인 아이비 리가 베들레헴 철강 회사의 전 회장인 찰스 스왑을 만났다. 그 자리에서 아이비 리는 이렇게 제안했다.

"제가 이 회사 경영진 한 사람 한 사람과 딱 15분씩 만나는 것만으로 직원들의 능률과 회사 매출을 높이겠다면 제게 일을 맡기겠습니까?"

찰스 슈압은 비용이 얼마나 드냐고 물었다.

"효과가 없다면 돈을 내지 않으셔도 좋습니다. 3개월 안에 제가 알려드린 방법이 어느 정도 가치가 있는지 자체적으로 판단하셔서 수표를 보내주시면 됩니다."

찰스 스왑은 아이비 리가 한 말에 동의를 했다.

아이비 리는 베들레헴 철강회사의 경영진 전체와 단독 면담을 했고 그들 모두에게 약속을 받았다. 그것은 앞으로 3개월 동안 퇴근하기 전에 다음 날 반드시 해야 할 가장 중요한 일 여섯 가지를 정하고 중요도 순으로 번호를 매기게 하는 것이었다. 다음 날 처리한 일을 지우고 그 다음 항목으로 넘어가게 했다. 만일 처리하지 못한 일이 있다면 그것은 그 다음날 할 일로 넘어갔다. 약속한 3개월이 끝날 무렵 효율성과 매출이 증가했고 이 때문에 기분이 좋아진 찰스 스왑은 아이비 리에게 35000달러 수표를 보냈다.

현재 해야 할 일 중 가장 중요한 일은 어떤 것인가? 자신이 해야 할 일과 하지 말아야 할 일을 정리하자. 남들이 하는 일을 따라한다고 할 때 그 일이 당신에게 정말 중요한 일인가?

진짜 하고 싶은 일을 하는 데 도움이 되는 일인지 생각해보자. 시간을 낭비하는 것은 돌이킬 수 없는 소중한 기회들을 날려버리는 일이 될 수 있다.

괴테는 "시간이 언제나 당신을 기다리고 있다고 생각하지 말라! 게을리 걸어도 결국 목적지에 도달할 날이 있으리라고 생각하는 것은 잘못이다. 하루하루 전력을 다하지 않고서는 그 날 보람을 느낄 수 없을 것이다. 동시에 최후의 목표에 도달할 수 없을 것이다."고 말했다.

당신에게 돈이 없다면 대신 시간이 주어진다. 누구에게나 주어지는 24시간이지만 어떤 사람은 중요한 일을 하지도 못했는데 하루가 지나가고, 어떤 사람에게는 하고 싶은 일을 전부 다한 귀중한 하루가 된다.

누구나 한 번쯤 지금 처한 상황에서 더 멋진 상황으로 가고 싶다고 생각할 것이다. 하지만 진정으로 하고 싶은 일을 하는 일을 하는 사람은 많지 않다. 이유는 무엇일까? 자신이 처한 상황을 바꿀 수 있는 사람은 자신밖에 없기 때문이다. 아무리 근사한 삶을 살기 원하더라도 행동하지 않는다면 아무 것도 얻을 수 없다.

성공하기 위해서는 임계점을 돌파해야 한다. 물이 100도에서 끓듯이 열정도 임계점을 돌파해야 스스로 원하는 상황을 만들 수 있다.

미국의 유명한 부동산 컨설턴트 로저 스타벡은 이렇게 말했다.

"눈앞에 있는 해야 할 일을 꾸준히 해내는 동안 자신이 해야 할 진짜 평생의 일에 닿을 수 있다. 어느 순간 불현 듯이 그 일은 오직 자신만이 할 수밖에 없다는 사실을 깨닫게 될 것이다. 그것을 철저히 해냄으로써 저절로 성공을 손에 넣을 수 있다."

눈앞에 있는 해야 할 일을 꾸준히 해내기 위해서는 시간을 제대로 써야 한다. 아침에 평소보다 30분 일찍 일어나 그 날 해야 할 일을 적어보자. 자신을 꿈으로 이끌어주는 계획을 세워서 하나하나 차근차근히 해내는 것이다. 무엇이든 원하는 것을 이루기 위해서 시간을 현명하게 쓰겠다고 다짐해 보자.

〈오래 뜨겁게 일한다〉를 쓴 전미옥 작가는 작은 목표들을 군데군데 놓아 그것을 이룰 때마다 자신을 격려하고 칭찬하고 보상하라고 권한다. 그렇게 함으로써 일을 몰입할 수 있고 잠재되어 있던 능력을 최대한 이끌어낼 수 있을 것이라고 말한다. 보상이 구체적이고 이유가 명확할수록 힘은 더욱 강해질 것이라고 충고한다.

시간을 낭비하지 않고 자신이 진정으로 원하는 일을 하기 위해서는 끈기가 필요하다. 스스로 생각해보자. 당신은 인생을 살면서 몇 가지를 포기했는가? 그것을 포기하게 된 이유는 무엇인가? 한 번 종이에 적어보자. 생각보다 간단한 이유로 포기하지 않았는가? 이유는 많을 수도 있다. 하지만 성공한 사람들은 다른 사람들이 무엇이라 말하든 자신에게 있는 한 가지 이유 때문에 포기하지 않았다. 자신이 바라는 것을 꼭 이루고 말리라는 의지가 바로 그 이유다.

레스 브라운은 이렇게 말했다. "이전에 한 번도 성취한 적이 없는 것을 성취하려면 이전에 한 번도 되어본 적이 없는 사람이 되어야 한다."

끈기를 기르기 위해 해야 할 일은 이 일을 마친 뒤에 자신이 변화될 모습이 어떤 것인지 자주 상상하는 것이다.

자신이 진정으로 원하는 것을 이루기 위해서는 안일하게 보냈던 시간들과 작별해야 한다. 돈이 없다고 해서 꿈을 이룰 수 없다고 생각하면 알바를 몇 개를 병행하면서 돈을 벌면 된다. 혹시 당신은 돈이 없다는 핑계로 자신의 소중한 꿈을 묻어버리는 것은 아닌가?

인생이란 어떤 의미를 부여하느냐에 따라 달라진다. 20대의 시간은 정말로 중요하다. 취직을 하기 위해 해야 할 일을 하는 것보다 자신이 뭘 할 수 있는지 진정으로 하고 싶은 것은 무엇인지 생각해보자.

당신이 보내는 시간에 의미를 부여하자. 20대의 마지막 해가 되었을 때 정말 후회하지 않을 자신이 있으려면 스스로 어떤 20대가 될 것인지 40대가 되었을 때 자신의 멋진 모습을 상상할 수 있을지 생각해야 한다.

대형 서점과 도서관에서 40대를 위한 책을 읽은 적이 있다. 그 당시 나는 20대였지만 40대들이 하는 고민이 무엇인지 궁금했다. 40대를 위한 책을 몇 권 읽으면서 이렇게 살다가는 초라한 40대가 되겠구나 하는 위기감이 들었다.

불행히도 한국에 있는 회사들은 한창 일할 나이의 40대들에게 관대하지 않다.

회사가 어려워지면 우선 감원부터 시작하고 본다. 희망퇴직이라는 이름으로 회사를 반강제로 떠난 이들이 하는 것은 다른 사람들이 하는 치킨집, 피자집, 편의점 같은 자영업이다. 자영업이 나쁜 것은 아니지만 문제는 너무 많은 사람들이 자영업에 뛰어들다 보니 몇 년 안 가 자영업을 접어야 하는 일이 자주 있다는 사실이다. 40대라면 아직 자녀 교육을 위해 부모를 부양하기 위해 많은 돈이 필요한 시기이다. 아직 한창 일할 수 있는 나이에 수입이 끊기면 바로 빈곤층으로 떨어질 수 있다.

화려한 40대, 자신이 원하는 일을 해서 하루하루 즐거운 40대를 보내기 위해서는 지금부터 자신만이 할 수 있는 일을 찾고, 그 일을 하기 위해 시간을 내어 열정을 기울이는 것이다.

40대에 인생이 재미있다고 하기 위해서 자신이 하고 싶은 일이 무엇인지 생각해보자.

당신이 가장 잘할 수 있고 좋아하는 일을 하면서 돈까지 벌 수 있다면 얼마나 행복하겠는가? 그 일을 하기 위해서 오늘부터 시간을 내어 해보자. 20대에 도전하고 실패와 성공을 거듭해보자. 그렇게 하다보면 이전보다 더 강해졌다는 자신감이 생길 수 있을 것이다.

"출발하기 위해 위대해질 필요는 없지만, 위대해지려면 출발부터 해야 한다."는 말이 있다.

스스로 위대한 사람이라고 믿자. 지금 하고 있는 이 작은 발걸음들이 당신을 진정으로 원하는 성공의 꼭대기에 올려놓을 것이다. 당신에게 주어진 보물 같은 24시간을 당신이 원하는 일을 하는 것으로 채워나가라. 그렇게 보낸 시간들이 멀게만 느껴졌던 성공으로 당신을 이끌어 줄 것이다.

—08—

퍼스널 브랜딩으로 한 걸음 더 성장하려는 20대에게

많은 20대들이 대기업 입사나 공무원 임용이라는 목표를 세우고 치열하게 노력하고 있다. 왜 그렇게 대기업 신입 사원이 되거나 공무원이 되기를 갈망하는 것일까? 20대를 3포 세대라고 한다. 취직을 포기하고 결혼을 포기하고 아이를 낳는 일을 포기하는 세대라는 뜻이다. 20대를 5무(無) 세대라고 부르는 사람도 있다. 좋은 일자리가 없고 돈이 없고 집이 없고 연인이 없고 아이가 없는 세대라는 뜻이다.

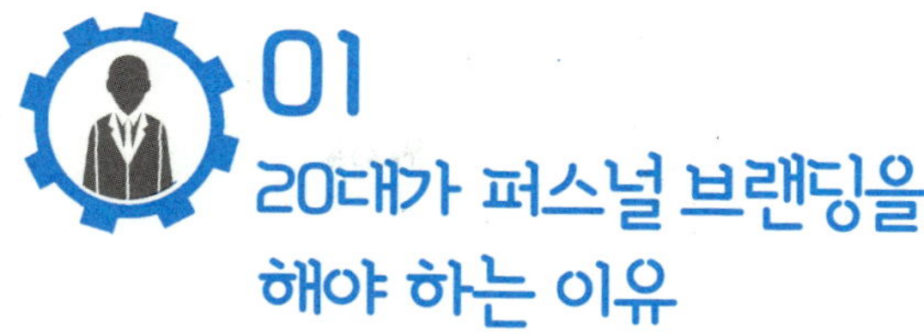

　　많은 20대들이 대기업 입사나 공무원 임용이라는 목표를 세우고 치열하게 노력하고 있다. 왜 그렇게 대기업 신입사원이 되거나 공무원이 되기를 갈망하는 것일까?

　20대를 3포 세대라고 한다. 취직을 포기하고 결혼을 포기하고 아이를 낳는 일을 포기하는 세대라는 뜻이다. 20대를 5무(無) 세대라고 부르는 사람도 있다. 좋은 일자리가 없고 돈이 없고 집이 없고 연인이 없고 아이가 없는 세대라는 뜻이다.

　많은 20대들이 대기업 직원이 되거나 공무원이 된다면 안정된 직장을 얻을 수 있다고 믿는다. 그렇기 때문에 스펙을 치열하게 쌓고 시험에 자신을 던진다.

　명문대를 졸업하지 못했고 이렇다 할 스펙도 없기 때문에 취직을 포기한 채 절망에 빠져 있는가? 아니면 마음에 맞지도 않는 공부를 계속하고 있는가?

　나는 20대들에게 퍼스널 브랜딩을 위한 준비를 지금부터 하라고 권하고 싶다. 그 이유를 살펴보자.

1. 점점 편리해지는 환경이 사람들의 일자리를 빼앗는다.

2014년 6월 11일 영국 런던에서는 택시들이 시위를 벌였다.

택시기사 분들이 시위를 하게 된 것은 한 어플 때문이었다. 우버라는 앱이 있는데 이 앱은 인근 자가용이나 렌터카 등을 불러 이용하는 주문형 개인기사 서비스를 제공한다고 한다. 이용하는 사람들은 편리하겠지만 택시기사 분들은 점점 승객을 차에 태우기가 힘들질 것이다 영국에서만 벌어지는 것이 아니라 이탈리아, 독일, 에스파냐에서도 시위가 벌어졌다고 한다. 몇 년 안에 우리나라에서도 이러한 일이 벌어질 것으로 예상한다.

영국에서 산업혁명으로 공장에 기계가 도입되기 시작하면서 일자리를 잃은 사람들이 기계 파괴 운동을 벌이기도 했다. 그러한 기계 파괴 운동이 21세기에도 일어날지 모른다.

더구나 우리나라와 선진국에서는 3D 산업 즉 어렵고 힘들고 위험한 일을 하지 않으려는 사람들이 늘어나고 있다. 이 때문에 부족해진 인력을 개발도상국에서 구하려는 시도도 있다. 중국에서 임금 상승 현상이 나타나자 기업들이 동남아시아로 공장을 이전하고 있다는 보도를 들었을 것이다.

2. 수명이 점점 늘어난다.

100살까지 살 것이라는 이야기가 점점 현실이 되어가고 있다. 특히 수명이 길어지는 사회에서 여성들이 힘들어질 것이라고 생각한다. 남편보다 평균 7년을 더 산다고 하는 여성들은 노후 생활을 어떻게 해야 할까? 미리 미리 퍼스널 브랜딩을 해서 노후를 대비해야 한다.

3. 승자 독식 사회이다.

20%가 80%의 부를 차지한다. 파렌토 법칙이다. 하지만 부자들 사이에서도 점점 빈부의 차이가 심해지고 있다고 한다. 특히나 우리나라는 빈부격차가 점점 벌어지고 있다. 대외경제정책연구원 조사 결과 1981~2007년 한국의 지니계수는 선진국 그룹 28개국 가운데 8번째로 높은 것으로 나타났다.

4. 기업은 수시로 구조조정을 벌인다.

증권가에 불황이 몰아닥치자 직원들을 줄이기 시작했다. 이런 일은 앞으로도 자주 벌어질 것이기 때문에 별로 놀라운 일이 아닐 것이라고 생각한다. 특히나 여성들은 M자 취업률 통계를 보이고 있다. 결혼해서 아이를 낳으면 잠시 쉬었다가 재취업에 나서려고 한다. 하지만 재취업을 하는 직종이 주로 비숙련 저임금 직종이다.

기업들은 한동안 가르쳐야 하는 신입사원 대신 바로 현장에 투입할 수 있는 경력사원을 선호하고 있다. 20대들에게 돌아가야 할 일자리가 점점 줄어들고 있다는 신호다.

5. 의미 있는 삶을 살기 위해서 필요하다.

다른 사람이 아닌 스스로의 삶을 살기 위해서 강점을 찾고 그 강점을 더욱 발전시키는 삶을 살기 위해서 퍼스널 브랜딩이 필요하다.

퍼스널 브랜딩을 하기 위한 첫 단계는 스스로를 알아야 한다는 것이다. 자신의 강점은 무엇인지 스스로의 내면을 깊숙이 파고들어야 한다.

사람들의 수명은 점점 늘어나고 있다. 100세까지 사는 것이 놀라운 일이 아니게 될 것이다. 문제는 사람들의 수명이 늘어나는 만큼 오래 일할 수 있는 상황이 아니라는 것이다. 20대에 어렵게 취직을 해도 40대 중후반이 되면 회사에서 물러나야 하는 일을 많은 사람들이 겪고 있다. 이 상황이 자신에게도 벌어진다면 어떻게 하겠는가?

'은퇴 크레바스'라는 말이 있다. 크레바스란 빙하 표면에 생긴 깊은 균열을 뜻하는 말이다. 은퇴 크레바스를 간단히 말하자면 직장에서 물러나게 된 뒤 연금을 받을 때까지의 소득 공백기를 말한다. 바로 퇴직한 뒤부터 연금을 받기 시작하는 60세 전까지 최소 5년 동안의 기간을 가리키는 말이다.

직장을 자의 반 타의 반 그만 두게 되면 어떻게 생계를 이어나갈 수 있을까?

많은 20대들이 직장에 다니면서 입사하기 전까지 스펙을 쌓아왔던 것처럼 열심히 자기계발을 하고 있다.

자기계발을 어떻게 할 수 있다고 생각하는가?

많은 20대들이 영어를 공부하거나 업무 관련 전문서를 읽거나 체력 관리를 하거나 자격증을 준비한다. 그것으로 정말 직장에서 오래 살아남을 수 있을까?

앞서 동남아시아에서 인력이 들어온다는 이야기를 했다.

이것이 그 동안 우리나라 회사원들이 같은 회사 내 같은 나라 안에서 경쟁한 것과는 비교도 할 수 없을 만큼 앞으로 더욱 더 치열한 경쟁이 벌어지게 될 신호탄이라고 생각한다.

캠브리지 대학의 장하준 교수는 〈그들이 말하지 않는 23가지〉에서 인도 뉴델리에서 일하는 버스 기사 람은 시간당 18루피를 받는다고 한다. 스톡홀름의 버스 기사 스벤의 시급은 130크로나로 2009년 여름 환율을 기준으로 계산하면 870루피가 된다. 스웨덴의 버스 기사는 같은 일을 하는 인도 기사에 비해 50배를 더 받는 셈이다.

게다가 람은 스벤보다 운전 솜씨가 훨씬 좋을 가능성이 크다고 〈그들이 말하지 않는 23가지〉를 쓴 장하준 케임브리지 대학 교수는 말한다. 어쩌다가 토요일 밤 난폭 운전을 하는 음주 운전자들을 피하는 것 말고 스벤은 정해진 길을 운전하기만 하면 된다. 반면 람은 거의 쉴 틈 없이 튀어나오는 소, 달구지, 인력거,

하늘 높이 쌓아올린 짐을 싣고 비틀거리며 가는 자전거 등을 피하며 운전을 해야 한다.

같은 일을 하면서 혹은 실력이 더 뛰어난데도 낮은 임금을 받는 이유는 무엇일까?

장하준 교수는 정부의 이민 통제 정책 덕분에 스웨덴의 노동자들은 인도를 비롯한 가난한 나라의 노동자들과 경쟁을 하지 않아도 된다고 말한다. 이들 외국인 노동자들의 대다수는 선진국 노동자들이 받는 임금보다 적게 받아도 자국에서는 큰돈이 되기 때문에 만족할 것이다. 게다가 일의 능률은 선진국 노동자와 비교해 보아도 비슷하거나 오히려 더 나을 수도 있을 것이다.

우리나라는 현재 여러 나라와 FTA를 하려고 애쓰고 있다.

나는 다른 나라의 상품이 이전보다 싼 가격으로 들어오는 것 외에도 다른 나라에서 일하는 사람들이 우리나라에 진출할 수 있을 것이라고 생각한다. 식당에서 일하는 인력의 상당수가 중국국적의 조선족인 것처럼 다른 업종에서 일하는 노동자들도 우리나라에서 일할 수 있게 될 것이라고 예상한다.

그렇게 된다면 과연 자신이 일자리를 잃지 않고 버틸 수 있을 것이라고 생각하는가?

같은 일을 하면서 비슷한 수준의 실력을 보이거나 오히려 더 잘하는 외국인들에게 밀려날 가능성은 결코 없을까?

노동시장이 개방되면 해외의 우수한 인력들이 쏟아져 들어올 것이다. 그렇게 되면 상당수의 우리나라 인력들이 일자리를 잃게 될 것이다.

기업들은 싼값에 좋은 인력을 들여올 수 있기 때문에 이 조치를 환영하겠지만, 일자리를 잃게 되는 우리나라 사람들은 결코 웃을 수 없을 것이다. 점점 국내에서 한정된 경쟁을 하는 대신 다른 나라의 인력과 경쟁을 해야 하는 시대가 멀지 않았다고 생각한다.

반면 어느 분야에서 대체할 수 없는 인력이 된다면 높은 임금과 함께 많은 혜택을 누릴 수 있을 것이다.

지금 직장에 다니고 있다면 다른 사람들의 인정을 받으며 대체할 수 없는 유일한 존재라는 평가를 받고 있는가? 아니면 주중 내내 주말을 기다리면서 그럭저럭 버티고 있는가?

지금 하고 있는 일이 자신에게 맞지 않는다고 느낀다면 그 분야에서 퍼스널 브랜딩을 할 수 없을 것이다. 좋아하지도 않는 일을 억지로 하면서 10년~20년, 혹은 평생을 일해야 한다고 생각해보라. 과연 행복할 수 있을까? 좋아하는 일을 하는 사람이 능률이 높다는 사실을 알고 있을 것이다. 그렇다면 퍼스널 브랜딩을 어디에서부터 시작해야 할까?

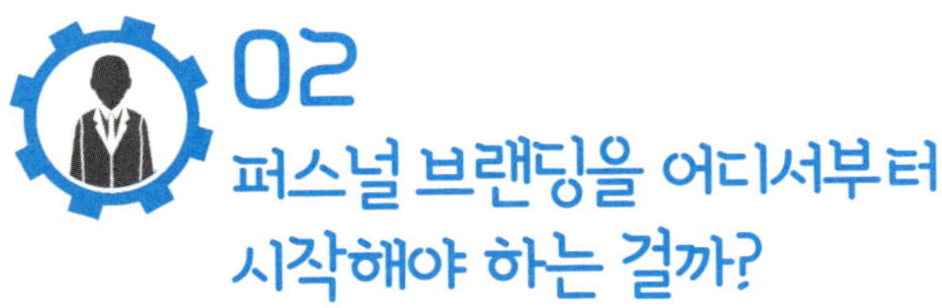

20대가 퍼스널 브랜딩을 해야 하는 이유를 앞서 적었다. 그렇다면 어떻게 퍼스널 브랜딩을 해야 하는 것일까? 나는 퍼스널 브랜딩을 하고 싶은 사람들이 가장 먼저 해야 하는 일이 바로 자신을 아는 것이라고 말하고 싶다.

자신을 대체할 수 없는 유일한 인력으로 인정받기 위해서는 자신을 좀 더 깊이 알아야 한다. 자신이 무엇을 잘하고 어떤 것을 못하는지, 강점은 무엇이며 약점은 무엇인지 알아야 한다.

살면서 어떤 일을 자타가 공인할 정도로 잘 한 적이 있는가?

마사 스튜어트는 이전까지는 힘들고 해도 표시가 안 난다는 인식이 있는 가사 일을 예술과 사업의 경지로 끌어 올렸다.

김연아 선수 하면 무엇이 떠오르는가? 바로 우아한 피겨 스케이팅을 하는 모습이 금방 떠오른다.

얼마 전에 은퇴한 박지성 선수 하면 바로 프리미엄리그에서 활약한 축구선수라는 점이 떠오른다.

〈나는 브랜드다〉를 쓴 조연심 작가는 지식소통 전문가이다.

나 스스로 전문가라 칭하지 않아도 다른 사람들에게 전문가로 불리는 것. 그것이 기억에 남는 브랜드이고 진짜 영향력 있는 브랜드 네이밍이라고 조연심 작가는 말한다.

사람들은 단점을 부끄러워한다. 어떻게든 단점을 고치기 위해서 노력한다.

이것은 어려서부터 고르게 좋은 점수를 받은 학생을 좋은 학생이라고 생각하는 학교 교육에서 생기는 문제가 아닌가 생각한다. 전 과목을 고르게 잘 하는 학생이 모범생이고 좋은 대학에 갈 수 있다. 한 학생이 한 과목을 제외하고 모두 '수'를 받았는데 그 학생의 부모는 왜 마지막 한 가지 과목에서 '수'를 받지 못했느냐고 꾸중했다는 이야기를 들은 적이 있을 것이다.

하버드 대학의 심리학자 하워드 가드너는 다음과 같이 말했다.

"'누가 비범한가?'라는 질문은 잘못된 것이다. '어디에 비범성이 있는가?'라고 물어야 한다."

어렸을 때든 성장해서든 사람은 한 가지라도 잘하는 것이 있다. 어떤 사람은 수학을 잘하고 어떤 사람은 그림을 잘 그린다. 또 어떤 사람은 운동에 소질이 있다.

해리 포터 시리즈로 유명한 조앤 K. 롤링은 어려서부터 몽상을 즐겼다. 대학을 졸업한 뒤에 어느 회사의 비서로 일하게 되었는데 그녀는 일을 제대로 못한다는 이유로 해고되었다. 일할 시간에도 상상력을 발휘해 이야기를 생각하느라 실수를 저지르는 그녀의 태도가 문제가 되었기 때문이다.

엄청난 가난 속에서도, 아동 도서는 팔리지 않는다고 사람들이 말해도 조앤 K. 롤링은 계속해서 해리 포터 시리즈를 써 내려갔다. 결과는 많은 사람들이 알고 있듯이 그녀는 영국 여왕보다도 재산이 많을 정도로 경제적인 성공과 작가로서의 성공을 거두었다.

세계적인 경영학자 피터 드러커는 이렇게 말했다.

"서툰 일을 개선하는 데 많은 시간을 보내면 안 된다. 오히려 강점을 찾아 집중하라. 무능함을 보통으로 만드는 데는, 일류를 초일류로 만드는 것보다 훨씬 많은 노력이 든다."

그렇다면 어떻게 하면 강점을 찾을 수 있을까?

〈드림 레시피〉를 쓴 김수영 작가는 강점을 찾는 방법으로 첫 번째 자신이 잘하는 일을 찾아보라고 권한다. 다른 사람이 몇 시간이 걸려서 하는 일을 한 시간도 되지 않아 끝내는 일이 있다면 그것이 그의 강점일 것이다.

두 번째로는 다른 사람이 찾아주는 방법이다. 살면서 어떤 일에 칭찬을 받았는지 생각해 보자. 어떤 사람에게 다른 사람들이 매번 부탁하는 일이 있다면 그것이 강점이다. 너무 쉬워서 아무

것도 아니라고 생각하는 일도 강점이 될 수 있다.

세 번째로 다른 사람에게 직접 물어보는 방법이다.

자신을 생각하면 어떤 것이 떠오르는지 물어보면 강점을 알 수 있다. 강점을 찾았다면 그것을 강화해야 자신만의 브랜드로 만들 수 있을 것이다. 여기서 주의해야 할 점은 자신의 강점을 강화해나가는 과정에서 남들과 다른 행동을 하는 것을 두려워해서는 안 된다는 것이다.

어렵게 자신이 그림을 그리는 것을 좋아하고 강점이라고 인정하게 된다 하더라도 지금 하는 일 때문에 그림을 그릴 수 없다면 강점을 강화할 수 없을 것이다.

시간은 모두에게 24시간씩 주어지지만 그 시간을 어떻게 활용하느냐에 따라 강점이 더욱 발전해서 스스로를 알리는 브랜드가 되느냐 못하느냐가 결정된다.

시간이 없다고 생각하는 사람이 있다면 이런 조언을 하고 싶다. 하루 종일 시간을 어떻게 보내는지 종이에 적어 보는 것이다. 예를 들어 아침에 몇 시에 일어나서 무엇을 했는지 시간과 순서를 종이에 적어보는 것이다.

오전 6시 기상. 6시 30분 샤워 마침. 7시 역에 도착하여 지하철을 탐. 8시 출근함. 어제 못한 서류를 마저 작성함. 9시 회의.

이렇게 적다보면 하루를 어떻게 보냈는지 알 수 있게 된다. 바쁜 시간 속에서도 빈 시간이 있게 마련이다. 그 시간을 어떻게 보내느냐에 따라 강점을 키울 수 있다.

그 동안 퇴근하면 동료들이나 친구들과 어울려 술을 마시던 사람이 자신의 강점을 키우기 위해 그림을 그리거나 소설을 쓴다고 생각해 보자. 어울리던 사람들이 무슨 말을 하든 꿋꿋이 버텨야 한다. 남들과 다르게 행동하는 것은 결코 부끄러운 일이 아니다. 남다른 자신만의 장점을 만들기 위해서는 자신의 강점을 찾고 그것을 강화하기 위한 노력을 기울여야 한다. 또한 그 강점을 강화하기 위해서는 이전까지 하지 않았던 행동도 해야 한다.

자신이 하루를 어떻게 보내는지 알았다면 24시간이라는 하루를 어떻게 보낼지 계획을 세워보자.

세계적인 투자자였던 존 템플턴은 자신의 저서 〈열정〉에 이런 글을 썼다.

"변화를 위한 작은 시도가 행복하고 성공하는 삶을 가져온다. 열린 마음으로 변화를 시도하라. 새로운 것을 배우려고 마음을 열 때 비로소 성장은 시작된다."

세계적인 부호로 유명한 워런 버핏이 주식 투자에 나섰을 때 그는 다른 투자자들과는 다르게 행동했다. "10년 이상 보유할 주식이 아니라면 10분도 가지고 있으면 안 된다."라는 것이 그의 투자 철학이었다. 그는 다른 투자자들이 IT 주식에 투자할 때

저평가되어 있던 주식을 매수했다. 2008년 세계적인 경제 위기가 몰아닥치기 전 파생상품이 위험하다고 주장하기도 했다. 이런 그의 행동이 그를 세계적인 성공 투자자로 만들었다.

어니스트 헤밍웨이는 "자기 안에 어떤 능력이 도사리고 있는지 직접 해보기 전에는 아무도 미리 알 수 없다."는 말을 했다.

자신의 강점을 그 동안 하찮게 여겼다면 그 강점을 키우기 위해 직접 행동해 보자.

발전해가는 자신의 모습에 놀라고 스스로를 자랑스럽게 여길 수 있을 것이다.

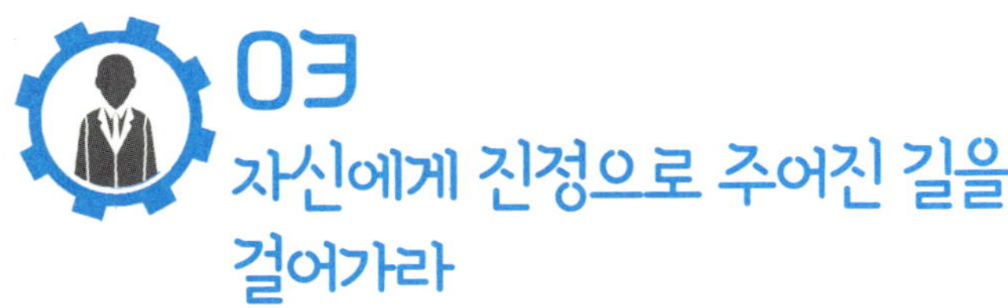

　　　　　퍼스널 브랜딩을 하고 싶다면 자신을 상징하는 것이 무엇일지 생각해 보길 권한다.

스스로가 하면서 정말로 행복하다고 여기는 것, 시간이 얼마가 걸리든 반드시 하고 싶은 일, 이거 아니면 난 죽는다라고 생각하는 일을 선택해야 한다.

사람들은 100세 시대가 멀지 않았다고 말한다.

기업들은 인건비를 줄이기 위해 40대 중후반이 된 직원들을 내보내려고 한다.

실제로 사람들이 100세를 살고, 40대 중후반에 회사를 떠나야 한다면 무려 60년 가량을 다른 일을 하면서 살아가야 한다는 계산이 나온다.

당신은 60년 가까운 세월을 무엇을 하며 보내고 싶은가?

자신이 진정으로 하고 싶은 일을 찾아보자.

어떤 사람들은 '가만히 있으면 중간이라도 간다.'고 말한다.

나서지 않고, 스스로 생각하지 않고 다른 사람이 하는 것을 따라 해야 손해를 보지 않는다는 계산일 것이다.

하지만 나는 중간으로 가는 것을 거부하라고 말하고 싶다.

다른 사람이 하는 대로 하는 것이 반드시 좋은 방법일까?

많은 사람들이 하는 것은 경쟁이 치열하다. 중간 정도의 실력을 갖추고 있다면 다른 사람에게 금방 밀려나게 마련이다.

한 번 뿐인 인생이다. 100세를 살아가는 동안 다른 사람을 따라하기만 한다면 과연 성공을 거둘 수 있을까? 많은 사람들이 치킨집을 연다고 해서 다 돈을 버는 것은 아니다. 이미 경쟁이 치열한 시장이기 때문에 잘못하면 투자한 돈을 전부 잃을 수 있다.

몇 년 전에 대기업 마트에서 치킨을 낮은 가격으로 팔았다가 치킨집 사장님들의 반발로 철회된 것을 기억하는가? 그 때 소비자들도 낮은 가격으로 치킨을 먹을 권리가 있다는 볼멘소리가 나오기도 했다. 당신이 하는 업종에 대기업이 진출한다면 살아남을 수 있을 것이라고 자신하는가?

자신만이 할 수 있는 일, 다른 사람이 말려도 꼭 이루고 싶은 꿈이 있기에 포기할 수 없다고 생각하는 사람은 몇 명이나 될까?

성공하고 싶다면 다른 사람이 말려도 스스로가 원하는 일을 계속 해나갈 수 있는 배짱이 필요하다.

나는 책 읽기를 좋아했다.

20대 내내 책을 읽으며 시간을 보냈다. 가지고 있던 돈을 전부 털다시피 해서 책을 사는데 집중했다. 부모님께선 책 좀 그만 사라고 충고하셨다. 그 때마다 잠깐 자제하려고 애쓰긴 했지만 결국 책을 또 사고 말았다. 이사할 때가 되어서야 나는 내가 엄청나게 책을 샀다는 사실을 알게 되었다. 정리하고 또 정리해도 책은 계속 나왔다. 책을 그만 사야겠다는 생각도 들었지만 이 책을 쓰기 위해 책을 또 사고 말았다.

이렇게 책 사는 데 집착(?)하게 된 데에는 내가 좋아하는 작가 센다 타쿠야의 충고가 있었다.

그는 이 세상에서 가장 확실한 투자는 책에 쓰는 돈이라고 단언한다. 적은 돈을 들여서 어느 한 방면에 전문가들이 쌓아올린 지식을 쉽사리 접할 수 있는 유일한 수단은 오로지 책이라고 말한다. 또한 사람을 부릴 수 있는 높은 자리에 오르고 싶다면 책을 꼭 사서 읽으라고 충고한다.

또 한 가지 센다 타쿠야가 강조하는 말은 책을 많이 구입하다 보면 책 구입 금액이 그대로 연봉에 반영된다는 말이다. 성공한 사람들은 가난한 시절에도 가지고 있는 돈을 탈탈 털어 책을 구입하는 데에 투자했다고 말한다.

특히 성공한 사람들을 주제로 한 책을 읽어 보자. 그들이 쓴 자서전이나 다른 사람이 쓴 평전 등을 읽는다면 성공한 사람들이 반드시 거듭해서 성공만 한 것이 아니라는 사실을 알게 될 것이다. 어두운 시기도 있었지만 그 시기를 극복했기 때문에 성공했다는 사실을 알게 될 것이다.

많은 사람들의 성공 기준은 돈을 많이 벌 수 있느냐이다. 돈을 많이 벌 수 있으면 성공한 것이고 그렇지 않으면 실패한 것이라고 간단히 나뉘곤 한다. 물론 자본주의 사회이기 때문에 돈은 반드시 필요한 수단이다. 외출 한 번 하려고 해도 돈이 나간다. 사람들과 어울리기 위해서도 돈이 필요하다.

당신은 어떻게 해서 돈을 벌고 싶은가?

20대를 보내면서 나는 어떻게 돈을 벌 것인가를 고민했다. 몇 번 직장을 다녔지만 오래 다니지는 못했다. 회사를 그만둘 때마다 자괴감이 들었고, 정말 나 자신을 필요로 하는 곳은 없는 것일까 하는 생각이 들었다.

서른 살이 되어서야 나는 나만의 돈 버는 방법을 발견할 수 있었다.

바로 책을 쓰는 것이었다. 단순히 베스트셀러 작가가 되는 것이 아니라 내가 쓴 책을 읽는 사람들에게 조금이라도 도움이 될 수 있는 책을 쓰는 것이 내 목표가 되었다.

나는 책을 쓰면서 이 책을 읽게 될 20대의 당신이 자신만의 확고한 꿈을 조금이라도 일찍 세우길 바란다. 20대의 시간은 정말로 소중하다. 사람들이 좋다고 생각하는 기준이 반드시 스스로에게 맞는 것은 아니다. 독립적이고 혼자서 일할 때 실력을 발휘할 수 있는 사람이 조직 생활에서 어려움을 겪을 수도 있다.

20대의 10년을 당신은 어떻게 보내고 있는가?

많은 사람들이 월급쟁이 생활이 가장 편하다고 말한다. 자영업을 하면서 겪게 되는 어려움보다 한 회사에서 정해진 일을 하며 돈을 받는 것이 편하다는 생각에서 그런 생각을 하는 것이다. 당신이 들어가고 싶은 기업이 있는가? 그 기업에 들어가고 싶은 이유는 무엇인가?

나는 20대 초반에 대기업에 들어가는 것을 포기했다.

내 학점으로는 도저히 들어갈 수 없다는 것을 잘 알고 있었기 때문이다. 스펙도 쌓지 않았고 20대 동안 한 일이라고는 책을 읽는 것과 내게 맞는 진정한 꿈을 찾기 위해 방황한 일 뿐이었다. 루저라고도 할 수 있을 것이다.

하지만 서른한 살이 된 지금 나는 20대를 후회하지 않는다.

그 때 한 엄청난 방황 덕분에 나 자신이 걸어가야 할 길을 찾았기 때문이다.

다만 이 책을 읽는 20대 여러분이 나보다 덜 방황을 하고 빨리 자신만이 걸어갈 수 있는 길을 찾기를 바란다.

〈여자의 자존감〉을 쓴 조연심, 김한규 작가는 진짜 스펙을 쌓는 방법을 알려 준다.

첫 번째로 관심 가는 분야의 책을 읽는 것이다. 처음 20권은 정독을 하고, 그 다음 100권 정도는 속독을 하는 식으로, 총 1000권을 읽으라고 권한다. 책은 읽기 위해서가 아니라 모으기 위해서 사는 것이라고 충고한다. 책을 살 때는 오프라인 서점에 가서 직접 보고 사라고 권한다.

두 번째로 관련 학원에 등록하거나 대학원에 가는 것이다. 이렇게 하면 그 분야를 공부할 자격이 있다는 이야기로 공부할 자격이 있어야 전문가가 될 수 있다고 말한다.

세 번째로 그 분야를 경험할 수 있는 곳으로 가는 것이다. 직접 경험함으로써 스스로가 무엇을 할 수 있으며 무엇을 해야 하는지 알 수 있다고 말한다.

네 번째로 전문가를 만나는 것이다. 준비된 상태로 전문가를 만나면 새로운 기회를 얻게 될 확률이 높아진다고 이야기한다.

퍼스널 브랜딩을 하는 이유가 무엇일까? 성공하기 위해서일까? 성공을 하고 싶은 이유를 생각해 보았는가? 돈을 많이 벌기 위해서라면 그 돈으로 무엇을 할 것인지 생각해 보았는가?

나는 퍼스널 브랜딩을 하겠다고 결심했다면 "왜?"라는 질문을 계속해서 던져야 한다고 생각한다. 이유의 이유를 찾다보면 자신의 진정한 목적, 궁극적으로 이루고 싶은 것이 무엇인지 알 수 있다. 행복해지기를 원한다면 자신이 어떤 일을 하면 행복한지, 왜 행복하고 싶은 것인지란 질문에 대답을 할 수 있어야 한다.

퍼스널 브랜딩을 함으로써 자신이 진짜 원하는 일을 하고 싶다면 사람들이 자신을 어떻게 평가하든지 둔감할 필요가 있다.

도스토옙스키는 톨스토이와 함께 19세기 러시아 문학을 대표하는 세계적인 작가이다. 그는 20대에 첫 작품을 썼다. 그 이후 계속해서 창작활동을 했지만 사람들의 반응은 냉담했다. "너저분하게 쌓인 잡동사니 같은 글만 쓴다." 이것이 그가 쓴 작품을 평가하는 말이었다. 그런 평가에도 도스토옙스키는 계속해서 작품을 냈다. 결국 그는 〈죄와 벌〉, 〈백치〉, 〈악령〉 등의 세계적인 작품을 쓸 수 있었다.

괴테는 "당신이 할 수 있는 것 또는 할 수 있다고 꿈꾸는 것이 있다면 시작하라. 대담함은 비범한 재능과 힘과 마법을 지니고 있다."고 말했다. 당신이 꿈꾸는 것은 어떤 것인가? 세상 사람들이 다 무모하다고 비웃어도 끝까지 걸어갈 자신이 있는 어느 한 분야를 갖고 있는가?

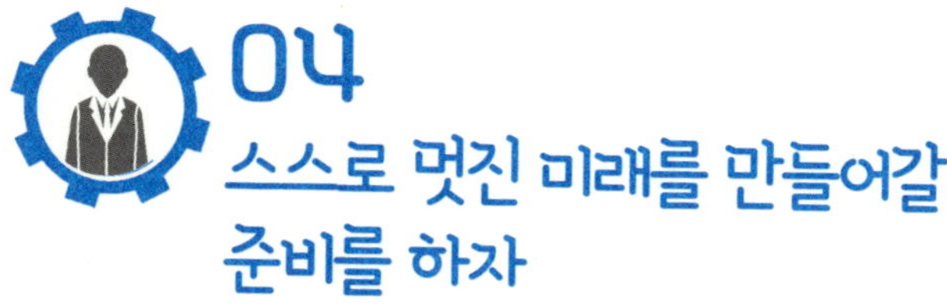

04 스스로 멋진 미래를 만들어갈 준비를 하자

나는 스마트폰으로 게임을 한 적이 있다. 농장을 키우는 게임이었다. 목표치가 주어지고 그것을 완성하면 경험치를 얻는 게임이었다. 어느 날 게임이 식상해졌다. 결국 나는 게임을 그만두었다. 내가 게임에 몰두한 것은 어떤 임무가 주어지고 그것을 이루면 경험치라는 보상이 있었기 때문이었다.

스스로 원하는 목표를 세웠는가?

그 목표를 이루었다면 스스로에게 보상을 해보자.

자신이 좋아하는 음식을 먹거나 재미있는 영화를 보거나 하는 식이다.

성공하는 사람은 당근에 이끌리지 않고 스스로 당근을 만들어낸다는 말을 책에서 읽은 적이 있다. 목표를 이루는 과정이 늘 즐거운 것은 아니다. 지루하고 재미없을 수도 있다. 목표를 이루어도 별다른 변화가 일어나지 않을까 두려울 수도 있다. 이를 극복하기 위해서는 스스로 당근을 만들어 보상해주자.

사람들은 목표를 이루면 그 목표에 안주하는 경향이 있다.

좋은 기업이 위대한 기업으로 성장하지 못하는 이유는 안주하기 때문이다.

경영학의 구루 톰 피터스는 이렇게 말했다.

"작년과 올해의 이력서가 같다면 당신은 이미 실패한 사람이다. 이제 기업에서 퇴출당하는 사람의 대부분은 뭘 잘못해서가 아니라 특별히 잘하는 것이 없어서일 것이다."

당신은 특별하게 잘하는 무엇인가가 있는가?

다른 사람들이 하는 것처럼 대기업에 공기업에 들어가기 위해 스펙을 쌓는 것은 단점을 없애는 것과 같다. 다른 사람과 차별화하지 못하는 것이다. 자신만의 장점을 키우는 것을 무시한 채 회사가 원하는 인재상에 자신을 맞춘다.

치열한 노력을 기울인 끝에 회사에 들어가면 회사가 원하는 대로 자신을 맞추어 나가야 한다. 그러다 40대 후반에 회사를 그만두게 되면 그동안 회사가 만들어 준 보호막이 사라지고 스스로 살아가야 한다. 그 때 무엇인가를 준비하려면 이미 때는 늦었다. 당신이 회사에 들어가지 못하고 혼자 생계를 이어가야 한다면 무엇을 할 것인가?

많은 사람들이 연예인들을 동경한다. 사람들에게서 인기를 끌고 일반인들이 상상하기도 힘든 수입을 광고 하나를 찍는 것으로 벌어들이기 때문이 아닐까 생각한다. 종종 무명 연예인들이 생활고를 겪다가 자살했다는 소식이 들린다.

광고 하나로 웬만한 직장인들의 연봉 이상의 액수를 벌어들이는 연예인들의 수는 극소수이다.

많은 사람들이 연예인들을 동경하는 이유가 돈을 많이 벌기 때문일까?

아니면 많은 사람들이 연예인들을 알아보기 때문일까?

자신의 이름을 내건 오프라. 쇼를 이끌었던 오프라 윈프리는 이렇게 말했다.

"유명해지는 것과 유명해지지 않는 것의 유일한 차이는 사람들이 현재의 당신을 알아보느냐 그렇지 않느냐는 것일 뿐이다. 내 안에 존재하는 나는 조금도 변한 것이 없기 때문이다."

이렇게 말하는 그녀는 유명세에 초월한 것으로 보인다.

성공한 사람들, 알아보는 사람이 많은 사람은 어떤 특징이 있는 것일까?

그들은 자신만의 유일한 무기가 있는 사람들이었다.

당신이 달라지고 싶다면 이제까지 해온 습관을 고칠 필요가 있다. 자신에게 나쁜 습관이 많다고 생각하더라도 한 가지만 고치겠다고 생각하자.

많은 사람들이 늦게까지 활동한다. 생산적인 일을 하는 것이 아니라 지인들과 술자리를 함께 하거나 게임을 하거나 TV를 보는 사람들이 많다.

세계적인 동기부여 전문가인 앤드류 매튜스는 이렇게 말했다.

"새벽에 일어나서 운동도 하고 공부도 하고 사람들을 사귀면서 최대한으로 노력하고 있는데 인생에서 좋은 일이 전혀 일어나지 않는다고 말하는 사람을 나는 여태껏 본 적이 없다."

아트 스피치로 유명한 김미경 원장도 이런 말을 했다.

"풀리지 않는 고민이 있으면 새벽 4시 30분에 일어나세요. 강력한 염원이 있는 사람이 아니라면, 그리고 정말 진정으로 원하는 무엇인가가 있지 않은 사람이라면 새벽 4시 30분이라는 그 시간에 절대로 눈을 뜰 수 없습니다."

새벽시간은 고요하다. 많은 사람들이 그 시간에 잠들어 있기 때문에 방해받지 않고 활동하는 시간이기도 한다.

나는 아침 일찍 일어나 원고를 쓰기 시작하면서 평소보다 많은 원고를 쓸 수 있었다.

갈망하는 무엇인가를 이루고 싶은데 시간이 부족하다고 여긴다면 일찍 자고 일찍 일어나 활동을 시작해 보자.

이영권 박사는 "새벽 시간에 자기계발을 하는 사람은 부지런한 사람, 괜찮은 사람, 장래가 촉망되는 사람으로 좋은 낙인이 찍혀 이미지도 좋아진다."고 했다.

좋은 평가를 받지 않아도 스스로 성장할 수 있다는 것을 느낄 수 있다.

다른 사람들이 자는 시간에 자신의 꿈을 위해 행동하는 사람은 자존감도 회복할 수 있을 것이다.

디 호크는 다음과 같이 말했다.

"문제는 어떻게 새롭고 혁신적인 생각을 떠올리느냐가 아니라 어떻게 낡은 생각을 떨쳐내느냐다. 모든 마음은 낡은 가구들로 가득 찬 방과 같다. 새로운 것이 들어올 수 있으려면 먼저 당신이 알고 생각하고 믿는 것의 낡은 가구를 치워버려야 한다."

당신은 어떤 가구를 치우고 싶은가?

첫 번째 책을 내는 지금 내게 있는 100%를 찾아서 더욱 발전시키는 것이 목표다.

앤드류 카네기는 "평균적인 사람은 자신의 일에 에너지와 능력의 20%를 투여하지만 세상은 능력의 50%를 쏟아 붓는 사람들에게 경의를 표하고, 100%를 투여하는 극히 드문 사람들에게 머리를 조아린다."고 말했다.

나 자신의 능력이 부족하다는 것을 알기 때문에 두 번째 책을 쓰는 데 더욱 몰두해야 한다는 것을 안다. 스스로 능력이 부족하다는 사실을 깨달았을 때 그리고 그 능력이 자신에게 꼭 필요한 능력이라는 사실을 깨달았을 때 발전할 수 있다.

〈내가 상상하면 꿈이 현실이 된다〉를 쓴 김새해 작가는 큰 꿈을 어떻게 이루어야 할지 망설이는 사람들에게 좋은 조언을 해준다.

큰 꿈을 토막 내어 작은 꿈으로 만드는 것이다. 이렇게 하면 목표 달성이 쉬워지고 자신의 가능성을 새롭게 믿게 된다. 김새해 작가는 큰 꿈과 현실의 당신을 보며 좌절하지 말고 실현 가능한 작은 꿈을 이루려고 노력하라고 권한다. 실현 가능한 작은 꿈은 당신이 목표에 더욱 집중하게 만들고, 목표를 이루기 위한 창조적인 아이디어를 내는 데 도움을 준다고 말한. 작은 목표들을 이루면 큰 꿈을 향해 더 빨리 움직일 수 있다고 조언한다.

꿈꾸는 것은 좋은 것이다. 자신이 헛되이 살지 않기 위해, 세상에 스스로의 존재를 알리기 위해 필요하고 행복하게 살기 위해 필요하다.

스스로 멋진 미래를 살기 원한다면 목표를 세우고 그 목표를 이루기 위해 해야 할 것들을 적어보자. 적은 종이를 소중히 간직하고 매일 그 목표를 이루기 위한 행동을 해나간다면 그리 멀지 않은 시기에 당신의 꿈이 한 걸음 당신에게 걸어올 것이다.

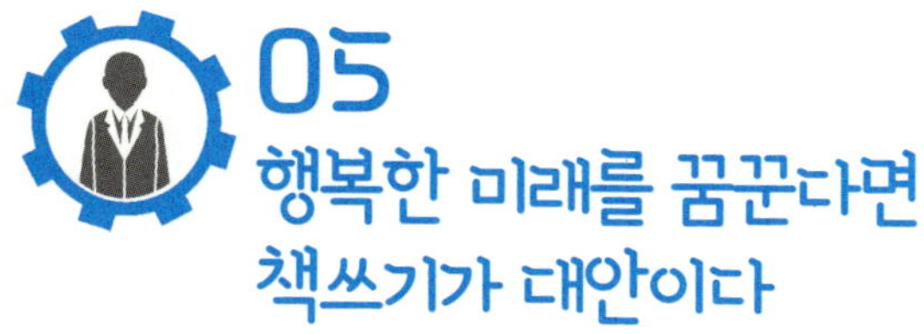

20대인 당신은 어떻게 시간을 보내고 있는가? 대학을 졸업하기 전에 취직하기 위해 많은 대학생들이 열심히 공부한다. 영어(혹은 토익), 자격증, 인턴, 제2외국어, 교환학생 준비 등. 자신이 원하는 직장에 가기 위해 적지 않은 돈을 쓰고 있다.

자기 소개서에 한 줄이라도 더 쓰기 위해 해외 봉사활동을 떠나는 20대도 있다고 들었다. 당신이 쌓는 그 스펙이 자신이 진정으로 원하고 좋아하는 일을 할 수 있을 것이라고 믿는가?

이런 내 질문이 불편할 수 있다. 꿈은 이미 돈에 밀려난 지 오래라고 볼멘소리를 하는 20대도 있을 것이다. 좀 더 어렸을 때 어떤 꿈을 꾸었는지 생각해보라. 어린 시절에 꾸었던 거대한 꿈은 다 어디로 사라졌는가?

20대인 자신에게 남은 것은 대학교를 다니는 동안 쌓은 학점과 학자금 대출밖에 없다고, 그래서 취직 밖에 남은 대안이 없다고 생각하는가?

당신이 진짜 잘하는 것은 무엇인가? 치열한 경쟁을 뚫고 원하는 직장에 다니면 우리는 정말 행복해질까?

남과 다르게 행동하면서, 자신이 원하는 일을 실컷 할 수 있도록 최대한 노력하는 사람들이 성공을 거두었다는 이야기를 듣게 되면 당신은 어떤 기분이 드는가? 그들은 단지 운이 좋았을 뿐이라고 생각하는가?

당신이 다른 사람과 확연히 다르다는 것을 증명하고 싶다면 한 가지 제안을 하고 싶다. 바로 책을 쓰는 것이다.

김태광 작가는 자신의 저서 〈마흔, 당신의 책을 써라〉에서 직장을 다니는 사람들이 책을 다섯 가지 이유를 명쾌하게 설명한다.

1. 책은 최고의 소개서이다.

언론 인터뷰보다 더 영향력이 크다.

2. 사회적 영향력이 크다.

대중을 대상으로 책을 출간하게 되면 세상에 자신의 존재감을 드러낼 수 있다.

3. 전문가의 자격증이다.

책을 출간하는 순간 자신의 분야에서 전문가로 인정받게 된다.

4. 미래가 달라진다.

가슴이 뛰기 시작하고 생활에 활력이 생긴다. 다양한 기회들이 생겨난다.

5. 사회에 공헌하는 일이다.

자신의 지식과 경험, 노하우를 책에 담는다면 그 책을 읽은 사람들의 인생이 달라지게 된다.

김태광 작가는 직장인이라면 책을 써야 미래를 대비할 수 있다고 말한다. 다음은 김태광 작가가 쓴 〈10년차 직장인, 사표 대신 책을 써라〉에서 한 말이다.

"지금 다니는 직장에서 아무리 연봉이 높고 처우가 좋아도 언젠가는 떠나야 합니다. 그렇다면 직장에 몸담고 있는 지금, 또 다른 수입원이 되는 파이프라인을 만들어야 합니다. 나는 그 대안으로 책쓰기만큼 좋은 것이 없다고 생각합니다. 큰돈이 드는 것도 아니고 그저 시간과 노력, 열정만 쏟으면 되기 때문입니다. 그나마 아직 직장에서 월급이 나올 때가 책을 쓸 수 있는 이상적인 시기입니다. 이 시기를 놓치게 되면 정말 눈앞이 캄캄해지는 상황을 맞이할 수 있습니다."

책을 내기 위해서는 당연히 주제에 맞는 많은 책을 읽어야 한다. 나는 이 원고를 쓰기 위해 70권이라는 책을 읽어야 했다. 하지만 책을 쓴다는 일은 책을 읽는 것보다 훨씬 재미있는 일이다. 책을 읽는다는 것은 어떻게 보면 수동적인 일일 수도 있다. 하지만 책을 쓰기 위해 책을 읽는다면 이야기는 달라진다. 작가의 의견을 읽으면서 내 생각은 어떤지 생각해보게 된다. 작가의 주장에 동의한다면 책을 쓰기 위한 원고에 그 주장을 인용하여 자신의 의견을 쓰게 되고, 반대한다면 그 이유를 논리적으로 쓰게 된다. 고등학교 3학년 때 논술시험을 봤다면 반대 의견을 어떻게 써야 하는지 대강이라도 알고 있을 것이다.

김태광 작가는 "미래 사회가 필요로 하는 창의적이고 창조력 넘치는 사람이 되고 싶다면 항상 책을 쓰는 습관을 들여야 한다."고 말한다.

만약 당신이 원하는 대기업에 들어가기 위해서 열심히 스펙을 쌓는 대신 자신이 잘할 수 있거나 취미 분야에 책을 낸다면 어떻게 될까? 20대인 당신이 다른 지원자보다 더 돋보이지 않을까? 한 번 직장에 들어간다 해도 그 직장이 평생 직장이 되지 않는다. 기업들은 구조조정이라는 이름으로 수시로 인원을 감축한다. 당신이 결혼을 해서 아이를 낳았는데 갑자기 회사에서 나가 달라고 하면 어떻게 대처할 것인가? 회사가 자신을 알아주지 않는다고 투정을 부려봤자 아무 것도 달라지지 않는다.

남과 다른 브랜드를 만드는 것은 기업에서만의 문제는 아니다. 개인도 퍼스널 브랜딩이라는 이름으로 자신을 남다른 상품으로 포장해야 한다.

자신이 남과 다르다는 주장을 뒷받침하기 위해서 책을 써야 한다면 어떤 주제로 써야 할까? 당신이 가장 잘할 수 있는 분야,

잠자다가도 이야기만 들으면 벌떡 일어나게 되는 그런 것을 주제로 책을 쓰면 어떨까? 자신이 좋아하는 분야이기 때문에 흥미가 있을 것이고 또 많이 알고 있을 것이다.

내 경우 이렇다 할 취미는 없었다. 예전부터 책은 인생을 잘 살아가기 위해서 필수적인 것이기 때문에 책읽기가 취미라고 하기에는 적당하지 않다고 생각했다. 뮤지컬을 보는 것을 좋아하긴 했지만 마니아라고 하기엔 그 깊이가 깊지 않았고 폭넓지도 않았다.

내가 책을 쓰게 된 계기는 20대들이 내가 겪었던 방황을 겪지 않기 바라는 뜻에서였다. 나는 20대의 방황은 짧을수록 좋다고 생각한다. 자신이 처한 환경이 마음에 들지 않을 수도 있다. 하지만 그것을 불평하느라 아무것도 하지 않는다면 인생의 황금기라 할 수 있는 20대의 10년을 그대로 낭비하고 만다. 되돌릴 수도 없는 시간인데 말이다.

20대를 잘 보내기 위해서는 많은 책을 읽고, 자신이 원하는 일을 분명하게 정해야 한다. 목표를 세웠다면 그 목표를 이루기 위해 어떻게 해야 하는지 방향을 정하자. 거기에 책 한 권을 쓸 수 있다면 20대를 잘 보내게 되는 완벽한 준비가 된다.

김태광 작가는 이렇게 말한다.

"책쓰기는 운명을 바꾸는 자기혁명이다. 지금보다 더 나은 미래를 위해선 반드시 자기혁명가가 되어야 한다. 자기혁명가가 되어 나를 변화시키고, 주변 사람들을 변화시키고, 세상을 변화시키고, 운명을 바꾸자!"

책을 쓰길 원한다면 네이버에서 〈한국 책쓰기 성공학 코칭협회〉를 둘러보길 권한다.

당신이 원하는 책을 쓰는 데 많은 도움이 될 것이다.

책을 쓴다면 과연 어떤 일이 벌어질까 하는 생각이 든다면 〈책을 쓴 후 내 인생이 달라졌다〉란 책을 읽어보길 권한다. 책을 쓰겠다는 결심을 행동으로 옮긴 사람들이 직접 자신의 인생이 어떻게 변화했는지 알려 주는 책이다.

책을 읽으며 성공한 사람들의 이야기를 알게 되는 일은 중요하다. 당신이 꿈꾸는 성공을 이미 이룬 사람들이 성공만 거듭한 것은 아니라는 사실을 알게 될 것이다. 실패를 하면서도 끝까지 성공하겠다는 결심을 흔들림 없이 하고 앞으로 나아간 사람들의 이야기를 읽으면서 자신감을 가지는 일도 필요하다. 그래야 한 번 실패했다고 주저앉지 않을 수 있다.

거기에 평범한 다른 사람들과 크게 다르지 않는 삶을 사는 것을 과감히 거부해야 한다.

당신의 이야기가 다른 사람들에게 감동을 줄 수 있다면 얼마나 큰 기쁨일까? 당신이 겪은 특별한 이야기를 나누고 싶다면 책을 써야 한다. 용기를 내어 시도하는 순간 많은 것이 달라질 수 있을 것이다.

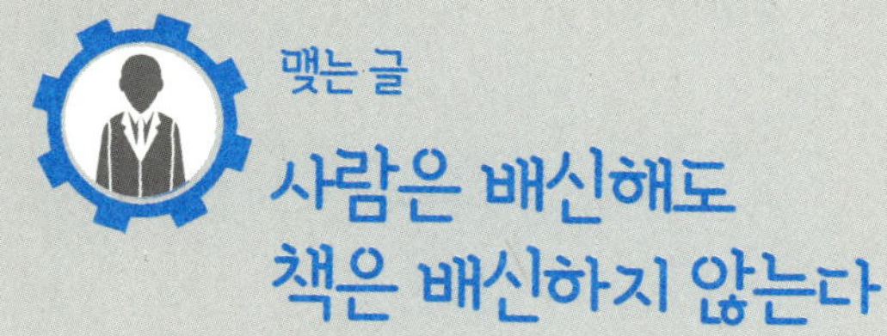

사람은 배신해도
책은 배신하지 않는다

돌이켜 보면 나는 20대를 아무 생각 없이 보냈다. 대학에서 성실하게 수업을 들은 것도 아니었다. 내가 배우고 있는 전공이 나와 전혀 안 맞는다는 것을 깨달았을 때 느꼈던 난감함이란 표현하기가 힘들다.

그 때 나는 도서관에서 시간의 대부분을 보내겠다고 결심했다.

하루에 얼마나 읽을 것인지 어떤 책을 읽을 것인지 계획 없이 책을 읽었다.

전공공부를 전혀 하지 않고 있다는 죄책감이 들 때는 한두 권씩 슬쩍 전공 관련 책을 읽었다. 얼마나 많은 책을 읽었는지 기억나진 않지만 그 때 많은 것을 알게 되었다.

만약 현실에서 움직일만한 여지가 넓지 않다고 생각한다면 도서관에 들어가서 책을 읽어보라고 권하고 싶다. 사람에게 배신당한 상처가 깊다면 사람이 쓴 책을 읽으면서 치유해보면 어떨까? 당신의 솟구치는 분노도 책과 함께라면 누그러질 것이다.

몽테스키외는 "독서 한 시간 하고도 극복될 수 없는 슬픔은 알지 못한다."고 말했다.

이 말은 최근에야 알게 되었지만, 이 말만큼 독서가 중요하다고 강조하는 표현은 보지 못했다. 그 외에도 "독서는 가난한 사람을 부유하게 하고, 부유한 사람은 귀하게 한다."라는 표현도 좋아하는 말이다.

이전까지 독서를 멀리했다면 20대에는 책에 푹 빠져 사는 삶을 한 번쯤 살아보라고 권하고 싶다. 나는 성공한 사람들의 이야기를 쓴 책을 읽고 성공한 사람들은 목표로 한 일을 이루기 위해 정말로 치열하게 산다는 것을 알았다. 자신의 능력을 최대한 발휘하며 살아가는 것은 큰 기쁨을 안겨줄 것이다. 내가 알고 있던 자신보다 훨씬 강하고, 능력이 있다는 사실을 깨닫게 될 것이기 때문이다.

현재 우리나라의 20대는 정말로 팍팍한 삶을 살고 있다. 취업하기 전에 빚을 져야 하고, 일자리를 찾기 위해서도 돈을 써야 한다.

사람의 가치가 돈으로 결정된다고 느낄지도 모르겠다.

제대로 된 일자리를 찾을 수 없다고 절망하기 전에 자신이 진정으로 원하는 것이 무엇인지 진지하게 종이에 적으면서 생각해 보자. 나는 일이 안 풀린다고 여길 때마다 글을 쓴다. 내가 느끼는 불안감과 분노, 고통 등의 감정을 종이에 쏟아내다 보면 어느 정도 감정이 진정되는 것을 느끼기 때문이다.

지금 취직이 안 되어 알바밖에 할 수 없다면 그럴수록 책을 읽으라고 권하고 싶다.

성공한 사람들의 이야기 외에도 다양한 분야의 책을 읽어 보자. 나는 아직 독서의 임계점을 돌파하지는 못했지만, 독서하면서 얻게 되는 즐거움은 충분히 알고 있다.

책을 읽다보면 논리적인 사고를 할 수 있게 된다. 책을 쓴 작가가 논리적으로 글을 쓰지 않는다면 독자들이 외면하게 될 것이기 때문이다. 그렇게 논리적인 글을 읽다보면 크게 생각하게 된다. 이 큰 사고는 자신이 처한 상황에 어떻게 대응할지 생각해 주는 능력을 키워준다.

독서는 정말로 즐거운 일이다. 폭넓게 독서를 하면서 마음껏 생각해보자. 현실이란 벽이 높게 느껴진다면 독서로 한 권 한 권 디딤돌을 만들자.

내가 20대로 돌아간다면 나는 독서를 더욱 치열하게 할 것이다. 돌아갈 수 없다는 것을 알기에 현재 독서하는 데 집중하겠다고 결심했다.

다른 사람들이 다 갖춘 스펙을 쌓기 위해 노력하는 것의 절반을 독서에 쓰면 어떨까?

아무리 시간이 없어도 적어도 하루에 1시간 30분의 시간은 낼 수 있을 것이다.

아침에 평소보다 30분 일찍 일어나고, 점심시간에서 30분을 떼어내고, 자기 전에 30분을 독서에 쓰는 것이다. 방황하고 있다면 자신의 꿈을 명확히 정하는 데에서 모든 것이 시작된다는 것을 기억하라고 권하고 싶다. 나는 책을 읽으면서 방황을 끝냈다. 이제 내가 원하는 것이 무엇인지 알고 있다. 나처럼 10년을 고민하면서 보내기 싫다면 빨리 독서하는 습관을 들이길 바란다. 하루에 1시간 30분 동안 독서를 하면서 생각하는 힘을 키우자.

세상이 당신을 외면한다고 좌절하지 말고 세상에 나갈 준비를 하기 위해 독서하자.

당신은 좌절에서 반드시 일어날 수 있다.

참고도서

1. 시골의사 박경철의 자기 혁명 박경철 지음 리더스북

2. 습관의 힘 찰스 두히그 지음 강조헌 옮김 갤리온

3. 당신을 부자로 만들어 주는 것들 김병완 지음 티즈맵

4. 종이 위의 기적 쓰면 이루어진다 헨리에트 앤 클라우저 지음 안기순 옮김 한언

5. 빅 픽처를 그려라 전옥표 지음 비즈니스북스

6. 스케일 김병완 지음 이숲

7. 33세, 평범과 비범 사이 오구라 히로시 지음 이민영 옮김 나무 위의 책

8. 뜨거워야 움직이고 미쳐야 내 것이 된다 김병완 지음 서래books

9. 스케일 김병완 지음 이숲

10. 서른 살 수업 도코 다케히사 지음 박혜령 옮김 토네이도

11. 우리는 같은 병을 앓고 있다 김태경 지음 쌤앤파커스

12. 열정을 말하라 김병완 지음 생각너머

13. 독특함에 미쳐라 김병완 지음 Huma&Books

14. 20대 나만의 무대를 세워라 유수연 지음 위즈덤하우스

15. 김미경의 드림 온 김미경 지음 쌤앤파커스

16. 공병호 습관은 배신하지 않는다 공병호 지음 21세기북스

17. 20대 여자를 위한 자기발전 노트 윤정은 지음 북포스

18. 당신은 드림워커입니까 권동희 지음 위닝북스

19. 미친 꿈에 도전하라 권동희 지음 위닝북스

20. 꿈으로 깨어나라 김태광 지음 공감의 기쁨

21. 죽음의 수용소에서 빅터 프랭클 지음 이시형 옮김 청아출판사

22. 서른 살이 심리학에게 묻다 김혜남 지음 갤리온

23. 인생에서 가장 소중한 것은 서점에 있다 센다 타쿠야 지음 이지현 옮김 에이미팩토리

24. 종이 위의 기적 쓰면 이루어진다 헨리에트 앤 클라우저 지음 안기순 옮김 한언

25. 운명을 바꾸는 내면지능 서정현 지음 강단

26. 나는 성공의 지도를 보고 간다 김병완 지음 레몬북스

27. 피터 드러커의 자기 경영 노트 피터 드러커 지음 이재규 옮김 한국경제신문사

28. 쓰고 상상하고 실행하라 문준호 지음 21세기북스

29. 퍼스트클래스 승객은 펜을 빌리지 않는다 미즈키 아키코 지음 윤은혜 옮김 중앙북스

30. 어른의 공식 장엔 지음 정이립 옮김 불광출판사

31. 그들이 말하지 않는 23가지 장하준 지음 부키

32. 드림 레시피 김수영 지음 웅진지식하우스

33. 열정 존 템플턴 지음 노먼 빈센트 필 서문 남문희 옮김 거름

34. 나는 브랜드다 조연심 지음 미다스북스

35. 가슴 뛰는 성공 너만의 강점으로 승부하라 김병완 지음 멘토르

36. 온리원 오종철 지음 북퀘스트

37. 내가 상상하면 꿈이 현실이 된다 김새해 지음 미래지식

38. 여자의 자존감 조연심, 김한규 지음 중앙북스

39. 리틀 빅 씽 톰 피터스 지음 최은수, 황미리 옮김 더난출판사

40. 꿈을 실현하는 사람들의 15가지 성공 비결 스티븐 스콧 지음 김명렬 옮김 비즈니스
    북스

41. 퍼스널브랜딩 신드롬 피터 몬토야 지음 도희진 옮김 바이북스

42. 도전하지 않으려면 일하지 마라 스즈키 도시후미 지음 양준호 옮김 서돌

43. 망설이는 당신에게 센다 타쿠야 지음 송소영 옮김 아름다운 사람들

44. 똑똑한 20대 생각부터 다르다 혼다 아리아케 지음 박소연 옮김 가람북

45. 칭찬일기 데즈카 치사코 지음 길벗

46. 나를 가슴 뛰게 하는 에너지 강점 마커스 버킹엄 지음 강주헌 옮김 위즈덤하우스

47. 감정은 습관이다 박용철 지음 추수밭

48. 나쁜 건 넌데, 아픈 건 나야 정일교 지음 매일경제신문사

49. 행복은 어디에서 오는가 앤서니 그랜트,앨리슨 리 지음 정지현 옮김 비즈니스북스

50. 인생에 대한 예의 이나모리 가즈오 지음 장은주 옮김 비즈니스맵

51. 내 인생 5년 후 하우석 지음 다온북스

52. 김밥 파는 CEO 김승호 지음 황금사자

53. 가슴으로 답하라 김혜수 지음 위즈덤하우스

54. 나를 이끄는 목적의 힘 천빙랑 지음 남혜리 옮김 아인북스

55. 꿈꾸는 다락방 이지성 지음 국일미디어

56. 10년차 직장인 사표 대신 책을 써라 김태광 지음 위닝북스

57. 퍼스널 브랜드로 승부하라 조연심, 이장우 지음 21세기북스

58. 할 수 있다고 생각하면 무엇이든 이룰 수 있다. 아트 윌리엄스 지음 커뮤니티 메타 옮김 미래지식

59. 세계 리더들이 전하는 위대한 조언 하마구치 나오타 지음 박재현 옮김 프롬북스

60. 5분 동기 부여 에릭 카플란 지음 이지민 옮김 동해출판

61. 꿈으로 깨어나라 김태광 지음 공감의 기쁨

62. 서른 살의 인생수업 김병완 지음 서래books

63. 오래 뜨겁게 일한다 전미옥 지음 나무발전소

64. 셀프 파워 김종식 지음 오우아

65. 핑크리더십 메리 케이 애시 지음 임정재 옮김 씨앗을 뿌리는 사람

20대 리더를 꿈꾸며

발 행 일 2015년 1월 28일

지 은 이 신 혜 정

발 행 인 최 한 호

출 판 사 다 담 북

디 자 인 디자인플러스

등 록 2012년10월16일 제 2012-000018호

주 소 인천시 부평구 부평동 부평문화로 115번길 54 미성304

전화번호 032)507-6509, 010-3321-6505

팩스번호 032)507-6505

이 메 일 chh6505@naver.com

I S B N 978-89-969789-8-5   13320

가 격 14,000원